> 新学習指導要領準拠

アクティブラーニングのための
体育科教育法
―― 理論と実践 ――

［編者］
吉井英博・矢野 正

アクティブラーニングのための体育科教育法
― 理論と実践 ―

目　次

はじめに ……………………………………………………1

第1章　体育科教育法入門 ……………………………………2

　第1節　体育・保健とは何か

　第2節　体育・保健の概念

　第3節　学習指導要領の変遷

　第4節　総則と体育

　第5節　スポーツ基本法と学校体育

第2章　学習指導要領の考え方と読み方 ………………………13

　第1節　新しい体育の方向性

　第2節　新学習指導要領の基本的な考え方

　第3節　新学習指導要領「改善の具体的事項」

　第4節　体育の目標

　第5節　体育の内容

　第6節　見方・考え方を追究し資質・能力を伸ばす授業とは

　資料　体育科学習指導案（例）………………………………32

第3章　子どもの発育・発達 …………………………………34

　第1節　発育・発達の概要

　第2節　運動機能の発達

　第3節　運動指導について

　第4節　食育・安全教育・心の成長発達

　第5節　望ましいスポーツライフの実現に向けて

第4章　小学生の体力　　……………………………………41
　第1節　小学生の体力の現状
　第2節　体力向上の取り組み

第5章　運動指導の在り方　　……………………………48
　第1節　子どもの発達特性
　第2節　安全管理
　第3節　指導について（計画と評価）
　第4節　学習カード・安全点検表の活用

第6章　体育における評価規準と評価基準　　………………56
　第1節　学習評価の考え方
　第2節　評価規準の設定
　第3節　評価上の注意事項
　第4節　評価規準の具体例

第7章　子どもの安全　　…………………………………64
　第1節　学校安全とは
　第2節　学校における体育活動中の安全
　第3節　体育科授業での取り組み

第8章　体つくり運動　　…………………………………72
　第1節　体つくり運動とは
　第2節　体つくり運動の指導のポイント

第9章　器械運動　　………………………………………80
　第1節　器械運動の特性
　第2節　器械運動の理論
　第3節　器械運動の指導体系
　第4節　器械運動の指導の工夫（実践例）

第10章　陸上運動　　……………………………………105
　第1節　陸上運動の特性

第2節　陸上運動の理論

第3節　陸上運動の指導の工夫（実践例）

第11章　水泳　……………………………………115

第1節　水泳の特性

第2節　水泳の理論

第3節　安全管理

第4節　水泳の指導の工夫（実践例）

第12章　ゲーム・ボール運動　………………………127

第1節　「ゲーム及びボール運動」領域の体系化

第2節　「ゲーム及びボール運動」の学習要素

第3節　「ゲーム及びボール運動」の指導の工夫

第13章　表現運動　……………………………………138

第1節　低学年の学習内容

第2節　中学年の学習内容

第3節　高学年の学習内容

第4節　指導上のポイントと留意点

第14章　保健　…………………………………………148

第1節　「保健」領域の改善事項

第2節　健康な生活

第3節　体の発育・発達

第4節　心の健康

第5節　けがの防止

第6節　病気の予防

第7節　「保健」領域の内容の取扱い

第15章　健康・体育をめぐる今日的課題　………………156

第1節　ヘルスプロモーションの理念に基づく健康の保持増進

第2節　健康に関する教育・学習

第 3 節　健康に関する現代的課題への対応
第 4 節　健康に関する現代的課題に対する対策
第 5 節　健康に関する現代的課題への対応のための取組体制の
　　　　整備

巻末資料・・・新体力テスト実施要項 166
握力...166
上体起こし...166
長座体前屈...167
反復横とび...168
２０ｍシャトルラン...169
５０ｍ走...171
立ち幅とび...172
ソフトボール投げ...173

おわりに　...174

執筆者一覧...175

編著者紹介...176

はじめに

　2012 年 3 月「スポーツ基本計画」の目標に，幼児期からの子どもの体力向上方策の推進が掲げられ，1985 年頃の水準を上回ることができるように，今後 5 年間で体力向上を維持し，確実なものとなるように目標を定めた。2012 年 3 月には「幼児期運動指針」が策定されている。2015 年にはスポーツ庁も誕生し，2020 年の東京オリンピックに向けて，生涯スポーツが全国民的な運動の広がりとなりつつある。

　小学校における「体育」の時間は，前改訂において 1 年生 90→102 時間，2〜4 年 90→105 時間と，以前の「小学校学習指導要領」から 6 年間でトータル 57 時間の総時間数の増加が図られ，子どもの体力の低下防止が強く叫ばれている。そもそも体育における教科力とは何か。とくに，小学校における保健体育科は児童が最初に「体育」に触れる機会でもある。小学校教員は，全教科を教えるという特徴があるが，指導に不安を覚える教師の卵たちは体育のどこに不安を抱え，苦手意識を持っているのか。その多くは，教員養成課程の体育に関する講義時間の少なさからくる理論・知識の不足，自らが児童・生徒の時代にしか経験したことのない実技経験の不足などが主な要因である。本書は，そんな苦手意識の高い教科「体育」を指導する際の必携書・必読書になるように構成したつもりである。

　第 1 章から 7 章までは「体育」を教えるための基礎的な理論と知識を中心に編纂した。第 8 章以降では，学習指導要領の学習内容ごとに章立てして，体育科の実践を指導するために必要な知識と技能指導のポイントについて，基本の動作などを図式化し，写真入りで分かりやすく解説した。

　スポーツ好きの体育嫌いの児童をつくらないために，本書を通じて体育科の教科力・授業力を身につけ，スポーツ好きの体育好きな児童を育てられる，そんな指導力を持った教師・先生になられることを願ってやまない。

編者　吉井　英博・矢野　正

・・・第1章・・・
体育科教育法入門

第1節　体育・保健とは何か

　体育・保健とは，そもそもいかなる教科なのか。その本質的特徴は，何か。その見方・考え方を，はじめに述べる。

　人間は身体があり，身体によってまわりの世界と関わり生きている。

　それは身体により対象・環境に関わることと，身体自体に関わることに分かれる。そこでの関係は，強く・巧みにという機能と，なめらかに・調和的にという機能に分かれる。前者を伸ばすことが体育の始まりであり，後者を伸ばすことが保健の始まりである。

　生活における身体の動きの機能の強化が「運動」である。二大機能のバランスに重きがある。身体が自己の身体と，また他の人の身体と関係を時に持ちつつ，文化的ルールの下での巧みな動きを強めることが「スポーツ」である。強さ・巧みさを高めていく。それらすべてにおいて，その強化は，熟慮性・熟達性によりその広がりを創り出す。

　小学校教育は，おそらく運動からスポーツへの移行過程であろう。

　そこでの知識・技能とは，文化的に育成されてきた身体的関わりのコツの集積である。

　思考力とは運動に関わる熟慮性である。自分の身体を動かしつつ，それについて省察を加える。

　主体的態度は，運動・スポーツをやりたいと願い，身体が生活の至る所で動かそうとすることである。

第2節　体育・保健の概念

　体操着（服）と体育着（服）といったように，いまだに「体操の先生」「体操の時間」などと，体育を体操と混同して使用する人も多い。この考え方では，体育は体操で子どもたちの身体を鍛えようということになり，体育を「からだの教育」とする概念にほかならない。宇土正彦は，体育概念の変遷を，以下のように示している[1]。

1）からだの教育：健康維持増進，体力向上こそが体育とする考え。

2）運動による教育：各種の運動を手段として進める教育のことで，「からだの教育」も含めて広く人間形成に貢献しようとする考え。

3）運動の教育：体育を生涯スポーツへ導こうと意識し，自己の能力に応じて運動に親しむことができるよう人と運動の関わり方を学ばせ，運動それ自体を子どもにとって意味のあるものにしていこうとする考え。この場合，運動は手段ではなく，目的・内容として位置づけられる。

　この変遷は，「からだの教育」という古い概念から「運動の教育」という新しい概念への移行を示すものである。

　さて，「体育の授業」は体育をどのように捉えるかによって異なるものとなる。「運動」という要素それ自体は，体育の概念が変わろうとも最も重要な要素であることに変わりはない。大切なことは，運動をどこに位置づけるか（目的か手段か），扱い方の基本の方向（上の3つの概念）をどこに向けるかにある。具体的には，「運動を重視すること」と「運動技能を重視すること」の違いを明確にすることであるといえよう。

1）身体活動に対する真面目な努力の指標として

2）努力すること（積極的な行動）の重要な意味を学ぶ教材として

3）運動の楽しみ方，親しみ方として

　以下，解説してみる。1）では，運動技能それ自体よりも努力して運動したかどうかの方が重視される。つまり，「運動が上手かどうか」よりは

3

「努力して運動したか（真面目に取り組んだか）」に焦点が当てられ，成績評価も真面目に努力したかどうかを重要視することになる[2]。努力して練習することは運動技能を高める上で重要であるが，単純な繰り返しではなく，工夫を加えて努力しているかや，他人との協力等にも注目し，運動技能は各種の好ましい態度や行動の仕方との関連づけとともに，重要な学習内容として扱われることが多い。ここでは，運動技能を中核に，各種の態度や行動などを総合した形で運動が良き教材とされ，学習の場にされていることになる。それゆえ，評価基準項目として単純な技能中心主義とは異なり，知識や態度などとの調和が前提とされる[3]。運動技能それ自体よりも，その技能レベルに応じた，さらにはその技能の向上に即応した楽しみ方にこそ，学習内容としての一番の中核がある。現在の評価基準は，第6章で扱うが，【関心・意欲・態度】【思考・判断】【技能】である。

昔から今日まで，体育といえば運動技能を伸ばす指導が主流であったり，成績評定では運動技能の優劣が重きをなしたりなど，体育の授業と運動技能との関わりは大きく，その大きさは変化していないように見える。しかしながら，体育の意味するところに即した運動技能の扱い方が理解される授業を心がける必要がある。また，体育科の成績は，他人との相対評価ではなく，**自己の絶対評価**でなされるということも知っておきたい。

第3節　学習指導要領の変遷
（1）明治から戦前まで

1872（明治5）年の「学制」の公布は日本教育史上重要なもので，近代教育の出発点といえる。当時，体育は「体術」，保健は「養生法」という教科名であった。1873（明治6）年に「小学教則改正」が出され，体術は「体操」に変わる。東京師範学校で出版された徒手体操の図解である『体操図』が多くの府県で翻刻出版され，諸学校での体操の手引きになった。

1891（明治 24）年「小学校教則大綱」が定められ，小学校で教授すべき範囲が示された。この頃は普通体操と兵式体操が並列して行われていたが，1900（明治 33）年にスウェーデン体操が紹介され，理論的，実践的な体操が行われるようになっていく。現在でも運動会の団体演技などにその流れは引き継がれている。同年，「改正小学校令」により「体操科」が必修となる。また，この頃から体操だけではなく，遊戯やダンスの紹介や研究が盛んになってくる。それは明治 30 年代に入り，普通体操が行き詰まり，種々の対象体系が成立または移入されることになったためであるが，文部省は，その統一のために 1904（明治 37）年に「体操遊戯取調委員会」を発足させ，「スウェーデン体操を学校体操として採用すべきもの」とし，さらに「遊戯は体操科の目的に合いするもの」と報告している。

　大正時代に入ると，「学校体操教授要目」（1913(大正 2)年）が制定され，1926（大正 15）年には改正を公布している。主な内容は体操（とくにスウェーデン体操）が中心であり，体操科の教材は「体操，教練および遊戯」であった。1936（昭和 11）年「学校体操教授要目」の第 2 次改訂を行い，新しい体操の紹介や柔剣道の必修化などが行われた。新たに 1941（昭和 16）年「国民学校令」が公布され，これまでの小学校令は根本的に見直されて，混乱の中において戦時下の「体錬科」へと移行していく。

（2）戦後から現在まで

　戦後に漸く，教育の再建が行われるが，最初に 1947（昭和 22）年「学校体育指導要綱」が発行され，教科の名称が「体育科」に改訂された。この要綱は終戦後 2 年でつくられたこともあり，単に基本方針を速く立てる必要性から生まれたものであり，内容はアメリカの教育使節団の報告書に沿って作成された。具体的には教材を体操と遊戯に大別し，さらに体操を徒手・器械とし，遊戯・球技・水泳・ダンスを遊戯に分類したに過ぎなかった。1949（昭和 24）年「学習指導要領　小学校体育編」が告示され，

学校種別の指導要領として刊行された。ここでは「体育科は教育の一般目標の達成に必要な諸活動のうち，運動とこれに関連した諸活動及び健康生活に関連の深い活動を内容とする教材」とし，体育の目標を，①健康で有能な身体を育成する，②よい性格を育成し，教養を高める，と示していた。また，教材は「教師の指導のもとに，児童生徒がそれによって学習する材料あるいは活動」であるとし，その選択は目標を分析する立場と文化財としてのスポーツや運動を系統的に配列する立場にあることを述べ，①模倣・物語遊び②リズム遊び・リズム運動③ボール遊び・ボール運動④鬼遊び⑤リレー・陸上運動⑥器械遊び・器械運動⑦徒手体操⑧水遊び・水泳⑨雪遊び・スキー遊び・スキーの9つを示した。

　1953（昭和28）年に，「学習指導要領」の改訂が行われたが，体育科について大きな変化はなく，参考手引き書的な役割であった。ただ，体育の目標については，以前の2つから3つへと分けられた。①身体の正常な発達を助け，活動力を高める。②身体活動を通して民主的生活態度を育てる。③各種の身体活動をレクリエーションとして正しく活用することができるようにする。1958（昭和33）年，日本の実情に即したカリキュラムとして「改訂学習指導要領」が公布され，各教科のほかに道徳，特別活動および学校行事などが加わり，「法に示すところに従い地域や学校の実態を考慮し，児童の発達段階や経験に即応して，適切な教育課程を編成するものとする」として，基準が示された。従来の要領は教師の参考，手引きであったが，授業時間数の配当も定められ，基準性や拘束力の強いものとなったところに特徴がある。1966（昭和41）年「青少年の健康と体力」という文部省の報告書によって，「体格は発達しているが，それにともなう体力が十分でない」ということが明らかとなり，1968（昭和43）年の改訂では体育の使命である体力の向上を目指した目標が示されることになる。それは，「適切な運動の経験や心身の健康についての理解を通して，

健康の増進と体力の向上を図るとともに，健康で安全な生活を営む態度を育てる」である。このために，①運動を適切に行わせることによって，強靱な身体を育成し，体力の向上を図る，②運動のしかたや技能を習得させ，運動に親しむ習慣を育て，生活を健全にし明るくする態度を養う，③運動やゲームを通して，情緒を安定させ，公正な態度を育成し，進んできまりを守り，互いに協力して自己の責任を果たすなどの社会生活に必要な能力と態度を養う，④健康・安全に留意して運動を行う能力と態度を養い，さらに健康の保持増進についての初歩的知識を習得させ，健全で安全な生活を営むために必要な能力と態度を養う，の4つを掲げた。この間の体育の目標の変化がよく現われている。また，次節で詳述するが，この改訂の大きな特徴の一つが，総則の中に体育の項目を設けたことである。

1970年代以降に始まった工業化社会から脱工業化社会（サービス化社会）への転換は，人々の生活を大きく変えるとともに，スポーツが社会や文化の重要な一領域として認知される契機を生み出した。具体的には，ヨーロッパを中心に始まった「スポーツ・フォー・オール（Sports for All）」運動は，スポーツや運動を健康のためだけでなく，生涯の楽しみとして享受すべきとする「生涯スポーツ」の理念に結実してゆく。

このようなスポーツや運動への人々の需要の変化は，運動を手段として用いる「運動による教育」から運動やスポーツそれ自体の価値を承認する「運動・スポーツの教育」への体育の概念の転換をもたらし，この転換は日本の学習指導要領にも大きく反映されていくことになる。

1977（昭和52）年の改訂は，技能的目標，体力的目標，社会的目標を従来同様に重視しながらも，運動への愛好的態度の育成を重点項目に位置づけた。この傾向は，1989（平成元年），1998（平成10）年，2008（平成20）年，2017（平成29）年の要領にも踏襲されるが，平成元年の要領からは技能的目標，体力的目標，社会的目標は生涯スポーツの能力と態度を

育成するという上位目標を具体化するために，「運動の学び方」が重視されるとともに，「心と体を一体としてとらえる」ことが上位目標に挙げられ，体育目標と保健の目標の一層の関連性を強調している。なお，近年の生涯スポーツの理念は広く浸透し，筆者の大学でも，スポーツ・体育実技科目として「健康生活と生涯スポーツ」が開講されている。

第4節　総則と体育

　先述した学習指導要領に示された目標は，3つの時代的枠組みで区分されるのが一般的である。①「新体育」「生活体育」の時期—第1期（1947年以降1957年以前），②基礎的運動能力や体力重視の時期—第2期および第3期（1958年以降～1976年以前），③楽しい体育の時期—第4期，第5期および第6期（1977年以降～現在），現在，第7期の学習指導要領の改訂の作業が行われている。そして，学習指導要領の総則に体育に関する事項が登場するのは1977（昭和52）年からである。1968（昭和43）年の要領では，総則の第3で，学校教育活動全体を通じて体力の向上を図ることが謳われる。同時に「体力づくり」を目指す体力的目標を吸収し，技能的目標，社会的目標に先立って重点目標として強調された。いわゆる総則第3体育は，学校教育に大きな影響を及ぼしている。「体力の向上」「健康安全の保持増進」「日常生活での体育的活動」「生涯スポーツの基礎」を体育科の時間はもちろん特別活動でも考慮するように強く要請している。以下に，小学校分の総則部分を示す。

表 1-1　小学校体育の総則

1968（昭和 43）年	第 1 章　総則 第 3　体育 健康で安全な生活を営むのに必要な習慣や態度を養い, 心身の調和的発達を図るため, 体育に関する指導については, 学校の教育活動全体を通じて適切に行うものとする。特に, 体力の向上については, 体育科の時間はもちろん, 特別活動においても, 十分指導するよう配慮しなければならない。
1977（昭和 52）年	第 1 章　総則 3　学校における体育に関する指導は, 学校の教育活動全体を通じて適切に行うものとする。特に体力の向上及び健康・安全の保持増進については, 体育科の時間はもちろん, 特別活動などにおいても十分指導するように努めるとともに, それらの指導を通して, 日常生活における適切な体育的活動の実践が促されるよう配慮しなければならない。
2008（平成 20）年	第 1 章　総則 3　学校における体育・健康に関する指導は, 児童の発達の段階を考慮して, 学校の教育活動全体を通じて適切に行うものとする。特に, 学校における食育の推進並びに体力の向上に関する指導, 安全に関する指導及び心身の健康の保持増進に関する指導については, 体育科の時間はもとより, 家庭科, 特別活動などにおいてもそれぞれの特質に応じて適切に行うように努めることとする。また, それらの指導を通して, 家庭や地域社会との連携を図りながら, 日常生活において適切な体育・健康に関する活動の実践を促し, 生涯を通じて健康・安全で活力ある生活を送るための基礎が培われるよう配慮しなければならない。
2017（平成 29）年	第 1 章　総則　第 1　2 (3)学校における体育・健康に関する指導を, 児童の発達の段階を考慮し

て，学校の教育活動全体を通じて適切に行うことにより，健康で安全な生活と豊かなスポーツライフの実現を目指した教育の充実に努めること。特に，学校における食育の推進並びに体力の向上に関する指導，安全に関する指導及び心身の健康の保持増進に関する指導については，体育科，家庭科及び特別活動の時間はもとより，各教科，道徳科，外国語活動及び総合的な学習の時間などにおいてもそれぞれの特質に応じて適切に行うよう努めること。また，それらの指導を通して，家庭や地域社会との連携を図りながら，日常生活において適切な体育・健康に関する活動の実践を促し，生涯を通じて健康・安全で活力ある生活を送るための基礎が培われるよう配慮すること。

（出典：文部科学省「小学校学習指導要領」より，引用作成）

第5節　スポーツ基本法と学校体育

　2011年6月に「スポーツ基本法」（以下，基本法）が，1961年に制定された「スポーツ振興法」を全面改訂する形で，議員立法によって制定された。この基本法の一番の特徴は「スポーツ権」が明記されたことであり，スポーツ権の保障を実質的に全うさせるための諸規定が設定されている。ここでは，学校体育と関連のある，いくつかについて説明を加える。

（1）学校体育の充実

　基本法第17条には，①体育に関する指導の充実，②スポーツ施設（体育館，運動場，水泳プール，武道場その他のスポーツ施設）の整備，③体育に関する教員の資質の向上，④地域におけるスポーツ指導者などの活用，その他の必要な施策を講ずるよう努めると明記されている。

　スポーツ振興法は「社会教育法」の特別法としての位置づけであったため，学校に関しては対象外であるという意味でも，基本法によって学校体育の充実が明記されたことは大変意味のあるものとなっている。しかしな

がら，学校体育とは何を指す言葉なのか。教科としての体育なのか，あるいは運動部活動までを含めたものなのか，明確になってはいない。

2010年8月，文部科学省は基本法に先立って，今後の我が国のスポーツ政策の基本的方向性を示した「スポーツ立国戦略」を策定している。この中の5つの重点戦略の施策1「ライフステージに応じたスポーツ機会の創造」の中の「(3)学校における体育・運動部活動の充実」において，「**小学校体育活動コーディネーターの配置**」「体育授業・運動部活動における外部指導者の充実」「新学習指導要領の円滑な実施による体育授業の充実」「体育・保健体育のデジタル教材の作成・配布」「中学生・高校生のスポーツ機会の充実」，さらに「安心して学校におけるスポーツ活動を行うための環境整備」を施策として掲げている。

特にここで取り上げたいのは，「**小学校体育活動コーディネーターの配置**」である。この中で「小学校では体育の専科教員を置いている学校は少なく，指導体制の充実が求められている。このため，小学校全体の体育授業や体育的活動を計画したり，担任とティームティーチングで体育の授業に取り組んだりするとともに，総合型クラブ等地域との連携を図るため，これらを中心となって行う教員等を『小学校体育活動コーディネーター（仮称）として配置する」と明記された。小学校の体育活動の充実を図るうえで，今後，ぜひとも導入を期待するものである。

（2）スポーツ基本計画と学校体育

スポーツ基本法の規定に基づき，文部科学省は，2012年3月，「スポーツ基本計画」を策定した。「スポーツ基本計画」は，スポーツ基本法の理念を具体化し，今後の我が国のスポーツ施策の具体的な方向性を示すものとして，国，地方公共団体およびスポーツ団体などの関係者が一体となって施策を推進していくための重要な指針として位置づけられている。この計画は，10年間程度を見通した基本方針であり，10年後の我が国のスポ

ーツ状況を想像できるものとなっている。

　2019年9月～10月にはラグビーの世界大会が日本で，2020年には東京オリンピックの開催（7月24日～8月9日）も決まっており，全国的に体育・スポーツの盛り上がりを見せている。学校体育のますますの充実が，生涯スポーツの充実とともに，今後，各地で展開されていくことになろう。

【引用文献】
1)宇土正彦・高島稔・永島惇正・高橋建夫編著『体育科教育法講義』大修館書店，2000年，pp.2-6
2)朝日新聞朝刊（2011年12月8日付）
3)大阪府教育センターHP，平成14年度大阪府教育センター「学習指導要領の変遷」
4)高島二郎・川﨑登志喜『小学校体育』玉川大学出版部，2015年，pp.9-17
5)矢野正・吉井英博『小学校体育科指導法』三恵社，2016年，pp.2-11

···第2章···

学習指導要領の考え方と読み方

第1節　新しい体育の方向性

　小学校児童の運動体験や運動習慣の有無は，児童の一生涯の健康の維持増進にも大きな影響を与える。これらは，生活習慣病予防にも繋がることから，指導者は体育の意義とその重要性を理解し指導を実施する必要がある。よって，本章では，指導者は各学年の発育発達の特性，性差，各運動種目の特性を理解し，正しく行えるよう技術の習得・達成感および安全かつ効果的に運動を遂行できるための指導案の作成や指導法を習得することを目的とする。また，児童自身が体に興味を示し健康な体つくりの知識を含め，体を動かすことをいとわない児童の育成をも目指す。

　「体育科，保健体育科では，これらの課題を踏まえ，心と体を一体として捉え，生涯にわたって健康を保持増進し，豊かなスポーツライフを実現する資質・能力を育成することを重視する観点から，運動や健康に関する課題を発見し，その解決を図る主体的・協同的な学習を通して，『知識・技能』『思考力・判断力・表現力等』『学びに向かう力・人間性等』を育成することを目標として示す。」とされた。

第2節　新学習指導要領の基本的な考え方

（1）小学校，中学校及び高等学校を通じて，「体育科，保健体育科では，これらの課題を踏まえ，心と体を一体としてとらえ，生涯にわたって健康を保持増進し，豊かなスポーツライフを実現する資質・能力を育成するこ

とを重視する観点から，運動や健康に関する課題を発見し，その解決を図る主体的・協働的な学習活動を通して，『知識・技能』『思考力・判断力・表現力等』『学びに向かう力・人間性等』を育成することを目標として示す。」としている。

（2）「体育科，保健体育科における学習過程については，これまでも心と体を一体としてとらえ，自己の運動や健康についての課題の解決に向け，積極的・自主的・主体的に学習することや，仲間と対話し協力して課題を解決する学習等を重視してきた。これらを引き続き重視するとともに，体育科，保健体育科で育成を目指す『知識・技能』『思考力・判断力・表現力等』『学びに向かう力・人間性等』の資質・能力の三つの柱を確実に身に付けるために，その関係性を重視した学習過程を工夫する必要がある。」としている。

（3）「体育科，保健体育科の指導内容については，『知識・技能』『思考力・判断力・表現力等』『学びに向かう力・人間性等』の育成を目指す資質・能力の三つの柱に沿って示す」とするとともに，体育については，「児童生徒の発達の段階を踏まえて，学習したことを実生活や実社会に生かし，豊かなスポーツライフを継続することができるよう，小学校，中学校，高等学校を通じて系統性のある指導ができるように示す必要がある。」としており，保健においては，「健康な生活と疾病の予防，心身の発育・発達と心の健康，健康と環境，傷害の防止，社会生活と健康等の保健の基礎的な内容について，小学校，中学校，高等学校を通じて系統性のある指導ができるように示す必要がある。」とされている。

第3節　新学習指導要領「改善の具体的事項」

新学習指導要領の「改善の具体的事項」は，以下の通りである。

運動領域においては，「運動の楽しさや喜びを味わうための基礎的・基

本的な『知識・技能』，『思考力・判断力・表現力等』，『学びに向かう力・人間性等』の育成を重視する観点から，内容の改善を図る。また、保健領域との一層の関連を図った内容などについて改善を図る。

・全ての児童が，楽しく，安心して運動に取り組むことができるようにし，その結果として体力の向上につながる指導等の在り方について改善を図る。その際，特に，運動が苦手な児童や運動に意欲的でない児童への指導等の在り方について配慮する。

・オリンピック・パラリンピックに関する指導の充実については，児童の発達の段階に応じて，ルールやマナーを遵守することの大切さをはじめ，スポーツの意義や価値に触れることができるよう指導等の在り方について改善を図る。」としている。

　保健領域については，「身近な生活における健康・安全についての基礎的・基本的な『知識・技能』，『思考力・判断力・表現力等』，『学びに向かう力・人間性等』の育成を重視する観点から，内容等の充実を図る。その際，自己の健康の保持増進や回復等に関する内容を明確化するとともに，『技能』に関連して，心の健康，けがの防止の内容の改善を図る。また，運動領域との一層の関連を図った内容等について改善を図る。」とされている。

　体力の向上については，心身ともに成長の著しい時期であることを踏まえ，「体つくり運動」の学習を通して，体を動かす楽しさや心地よさを味わい，様々な基本的な体の動きを身に付けるようにするとともに，健康や体力の状況に応じて体力を高める必要性を認識できるようにする。また，「体つくり運動」以外の運動に関する領域においても，学習した結果としてより一層の体力の向上を図ることができるようにする。

（1）生きる力の育成の重視

　教育基本法第1条は，教育の目的を「人格の完成を目指し，平和で民主

的な国家及び社会の形成者として必要な資質を備えた心身ともに健康な国民の育成」と規定している。この目的は，いかに時代が変化しても変わることのない普遍的な国家としての願いである。一方，学習指導要領は，この目的の実現を図るため，時代の変化に応じて，おおむね10年に一度改訂されてきている。1989年改訂では，現行学習指導要領につながる各教科において思考力，判断力，表現力の育成や自ら学ぶ意欲や主体的な学習の仕方を身につけさせることを重視した。21世紀は，新しい知識・情報・技術が政治・経済・文化をはじめ社会のあらゆる領域での活動の基盤として飛躍的に重要性を増す，いわゆる「知識基盤社会」の時代であるといわれている。このような知識基盤社会化やグローバル化は，アイデアなど知識そのものや人材をめぐる国際競争を加速させる一方で，異なる文化や文明との共存や国際協力の必要性を増大させている。このような状況において，確かな学力，豊かな心，健やかな体の調和を重視する「生きる力」をはぐくむことがますます重要になっているといえよう。

　また，2008年1月の「幼稚園，小学校，中学校，高等学校及び特別支援学校の学習指導要領の改善について（答申）」では，「生きる力」を，「変化が激しく，新しい道の課題に試行錯誤しながらも対応することが求められる複雑で激しい時代を担う子どもたちにとって，将来の職業や生活を見通して，社会において自立的に生きるために必要とされる力」としている。

（2）体育科改訂の要点

①運動領域においては，生涯にわたって運動やスポーツに親しみ，スポーツとの多様な関わり方を場面に応じて選択し，実践することができるよう，「知識及び技能」，「思考力，判断力，表現力等」「学びに向かう力，人間性等」の育成を重視し，目標及び内容の構造の見直しを図ること。

②「カリキュラム・マネジメント」及び主体的・対話的で深い学びの実現に向けた授業改善を推進する観点から，発達の段階のまとまりを考慮し，

各領域で育成することを目指す具体的な内容の系統性を踏まえた指導内容の一層の充実を図ること。

③運動やスポーツとの多様なかかわり方を重視する観点から，体力や技能の程度，年齢や性別及び障害の有無等にかかわらず，運動やスポーツの多様な楽しみ方を共有することができるよう指導内容の充実を図ること。その際，共生の視点を重視して改善を図ること。

④生涯にわたって豊かなスポーツライフを実現する基礎を培うことを重視し，「知識及び技能」，「思考力，判断力，表現力等」，「学びに向かう力，人間性等」の内容の一層の明確化を図ること。

⑤保健領域においては，生涯にわたって健康を保持増進する資質・能力を育成することができるよう，「知識及び技能」，「思考力，判断力，表現力等」，「学びに向かう力，人間性等」に対応した目標，内容に改善すること。

⑥自己の健康の保持増進や回復等に関する内容を明確化し，「技能」に関連して心の健康，けがの防止の内容の改善を図るとともに，運動領域との一層の関連を図った内容等について改善すること。

このように今次改訂では，指導内容が体系化，明確化されたことにより，発達の段階に応じて指導すべき内容の特定が容易となっている。また，領域の取り扱いが弾力化されているため，授業づくりは，子どもの実情に応じた教育課程の編成が可能となっている。したがって，体育の授業においては，教師の指導力・授業力が，より問われることとなる。

第4節　体育の目標

体育の目標は，歴史的に「身体の教育」から「運動による教育（運動を媒介とした人間形成）」，そして「運動の教育」へと変遷してきた。戦前においては，「身体の教育」と「精神の教育」という心身二元論に立った考え方が支配的であり，体育は身体を強健にすることが社会的な役割とみな

された時代といえる。戦後，教育は民主的な人間形成を目指すことが大きな課題となり，体育もその一翼を担うこととなる。したがって，運動やスポーツを指導することによって公正・協力・責任などの社会的態度を養うことが，体力の向上とともに強調されることになったといえる。言い換えれば，運動やスポーツの手段的価値に着目した体力の向上，人間形成である。その後，運動やスポーツに内在する価値，それ自体の価値（目的的価値）を重視する「運動の教育」へと発展し，今日に至っている。体ほぐしの運動のように，その運動そのものの楽しさ・心地よさ，各種のスポーツ種目のように果敢に挑戦して技を習得したり自己の目標記録を達成する楽しさ・喜び，ルールを工夫するなどして勝敗を競う楽しさ・喜びを味わうことが学習の目標であり，結果として体力の向上，人間形成に資するという考え方である。このように体育の目標の捉え方一つで，授業の展開は大きく変わる。今日の考え方を十分理解した授業づくりが求められる。

（1）小学校体育の目標

体育においては，小学校から高等学校までの 12 年間を，一貫して生涯にわたる豊かなスポーツライフの基礎づくりを目指していることを理解するとともに，運動に内在する価値に着目していること，「心と体を一体としてとらえ」という心身一元論の立場をとっていることに留意する必要がある。従前の小学校体育科の目標は，次の通りであった。

「心と体を一体としてとらえ，適切な運動の経験と健康・安全についての理解を通して，生涯にわたって運動に親しむ資質や能力の基礎を育てるとともに健康の保持増進と体力の向上を図り，楽しく明るい生活を営む態度を育てる。」

今次改訂では，次のように変わっている。

「体育や保健の見方・考え方を働かせ，課題を見付け，その解決に向けた学習過程を通して，心と体を一体として捉え，生涯にわたって心身

の健康を保持増進し豊かなスポーツライフを実現するための資質・能力を次のとおり育成することを目指す。

（1）その特性に応じた各種の運動の行い方及び身近な生活における健康・安全について理解するとともに，基本的な動きや技能を身に付けるようにする。

（2）運動や健康についての自己の課題を見付け，その解決に向けて思考し判断するとともに，他者に伝える力を養う。

（3）運動に親しむとともに健康の保持増進と体力の向上を目指し，楽しく明るい生活を営む態度を養う。」

（2）目標の改善

　このことは，中央教育審議会答申において，学校教育法第30条2項の規定を一層明確化するため，全ての教科等において，資質・能力を示す三つの柱を踏まえ，各教科等と共通した目標の示し方としたためである。

　また，体育や保健の見方・考え方を働かせることを通して，「体育科，保健体育科においては，各種の運動がもたらす体の健康への効果はもとより，心の健康も運動と密接に関連している」ことを実感できるようにし，生涯にわたって心身の健康を保持増進し，豊かなスポーツライフを実現するための資質・能力を育むことが大切であることを強調したものである。なお，「知識及び技能」，「思考力，判断力，表現力等」，「学びに向かう力，人間性等」については，課題を見付け，その解決に向けた学習過程を通して，相互に関連させて高めることが重要である。

　さらに，体育科，保健体育科においては，生涯にわたって運動に親しむこと，健康の保持増進及び体力の向上についての「学びに向かう力，人間性等」を相互に密接に関連させて育成する中で，現在及び将来の生活を健康で活力に満ちた楽しく明るいものにすることが大切であることを示した。

（3）内容及び内容の取扱いの改善

体育科の内容は，以下の（ア）から（ス）で構成される。

（ア）資質・能力の育成に向けた内容構造の整理

（イ）指導内容の系統性を踏まえた指導内容の一層の充実

（ウ）運動やスポーツとの多様な関わりを重視した内容の改善

（エ）体つくり運動系

（オ）器械運動系

（カ）陸上運動系

（キ）水泳運動系

（ク）ボール運動系

（ケ）表現運動系

（コ）オリンピック・パラリンピックに関する指導

（サ）集団行動

（シ）雪遊び，氷上遊び，スキー，スケート，水辺活動などの取扱い

（ス）保健領域

オリンピック・パラリンピックに関する指導では，各運動領域の内容との関連を図り，ルールやマナーを遵守することやフェアなプレイを大切にすることなど，児童の発達の段階に応じて，運動を通してスポーツの意義や価値等に触れることができるようにすることを，新たに「指導計画の作成と内容の取扱い」に示した。

第5節　体育の内容

体育の内容の第一は，授業で取り上げられる「運動」とその運動に関連する「知識」のことである。特に，体育の授業の多くは「運動」の実践を通して行われることから，その「運動」がどのように分類され，各発達段階ごとに整理されているかを知ることが重要である。

体育の内容としての「運動」は,「体つくり運動」,「スポーツ」,「ダンス」の３つに基本的に分類される。このうち「体つくり運動」は,体ほぐしをしたり,体力を高めたりなど,体の働きを維持向上するために意図的につくり出されたものである。一方,「スポーツ」は,運動そのものを楽しんだり,運動技能を手がかりとして技や記録を高めたり,他者や他チームと競争したりするものである。また,「ダンス」は,自分の感じたことを,体を使って表したり,一定のリズムに乗って踊ったりして楽しむものである。<u>「運動」を「体つくり運動」,「スポーツ」,「ダンス」の３つに分類する考え方</u>は,1960年代の学習指導要領改訂時から引き継がれているものであり,半世紀以上にわたって体育の内容を理解していくための基本的な考え方となっている。この「運動」の３つの分類は,新学習指導要領にも受け継がれている。

　さらに,「スポーツ」は,表2-1のように「器械運動」から中・高の「武道」までの各運動領域に分類されている。加えて,各運動領域は,発達段階に応じて,名称が検討されている。例えば,「陸上運動・競技」では,小学校低学年の「走・跳の運動遊び」から,中学年では「走・跳の運動」,高学年では「陸上運動」と変化する。

第６節　見方・考え方を追究し資質・能力を伸ばす授業とは

　学習指導要領の改訂の主要概念を、いかにして授業の改善に活かしていくかについてもう少し論じたい。

（１）資質・能力とは

　この改訂の根本に置いた考えは,「何を学ぶか」という教育の内容を重視しつつ,子どもがその内容を既得の知識等と関連付けながら深く理解し,他の学習や生活の場面でも活用できる生きて働く知識となるようにすることである。そのため,その内容を学ぶことで子どもが「何ができるよう

になるか」を併せて重視する必要がある。内容を根底において支え動かす力（コンピタンス・コンピテンシー）を明示して，その資質・能力をいかにして育成していくかをまず指導の大きなそして長期的なねらいとして設定する。ここで留意してほしいのは，資質・能力の捉え方は教科を超えた汎用性のあるものでありつつ，同時に，その学ぶ内容は教科において規定され，その内容を学ぶ過程において資質・能力が養われるということである。内容なくしてコンピタンスなく，コンピタンスなくして内容なし，と言ってもよい。

　資質・能力に共通する要素は，知識に関するもの，思考や判断，表現等に関わる能力に関するもの，情意や態度等に関するものの三つに大きく分類できる。人間は知性と情動から成り立つからであり，学ぶことはその二つの働きが相まって進められるからである。この資質・能力の三つの柱は，生きる力や各教科等の学習を通して育まれる資質・能力，学習の基盤となる資質・能力，現代的な諸課題に対応して求められる資質・能力といった，あらゆる資質・能力に共通する要素を資質・能力の三つの柱として整理したものである。知性の働きは物事を弁別し，その一つごとの特徴を把握するとともに，それらの特徴を総合することからなる。知識と思考である。それが現実の出来事に出会い，課題として取り組み，解決に向かうためにはそれらを活用し，対象に意欲を持って粘り強く取り組み，意志の力として発揮していく。

　これらの三つの柱は，学習の過程を通して相互に関係し合いながら育成される。子どもは学ぶことに興味を向けて取り組んでいく中で，新しい知識や技能を得て，それらの知識や技能を活用して思考することを通して，知識や技能をより確かなものとして習得するとともに，思考力，判断力，表現力等を養い，新たな学びに向かったり，学びを人生や社会に生かそうとしたりする力を高めていくことができる。この育成の視点というのが知

性にも情動についても打ち出されたことはこの数十年の実践と研究の積み重ねの中で可能になったことである。ポイントは，各々をスキルとして具体化し，その手立てを子どもに提供して使っていく中で知識もまた思考力もさらに学びに向かう原動力となる情動も学びへの働きとして育成できるということである。

　資質・能力の育成は，子どもが「何を理解しているか，何ができるか」に関わる知識及び技能の質や量に支えられている。それは対象という内容についてのことだから，不可欠なものであり，それなくしては思考活動は高まりようがない。しかし，知識の捉え方が変わってきたことに注意してほしい。知識は単なる個別のものに止まらず，構造化されていくことが決定的に重要なのである。子どもが学習の過程を通して個別の知識を学び，そうした新たな知識が既得の知識等と関連付けられ，各教科等の主要な概念に関するものを深く理解し，他の学習や生活の場面でも活用できるような知識として習得されるようにしていく。確かな学習に必要となる個別の知識については，教師が子どもの学びへの興味を高めつつしっかりと教授するとともに，深い理解を伴う知識の習得につなげていく。そのことを通して，子どもが自らの知識を活用して思考することにより，知識を相互に関連付けてより深く理解したり，知識を他の学習や生活の場面で活用できるようにしたりしていくであろう。そのための活用を通しての思考力を育成する学習が必要になる。なお，技能についても同様に，一定の手順や段階を追っていく過程を通して個別の技能を身に付けながら，そうした新たな技能が既得の技能等と関連付けられ，他の学習や生活の場面でも活用できるように習熟・熟達した技能として習得されるようにしていく。

　子どもが「理解していることやできることをどう使うか」に関わる思考力，判断力，表現力等は，考えるべき状況でいつでも発動されるものであるが，それを単に定型的な問題とその解答という形に限ると，高まってい

かない。むしろ，これからの社会は，多くの未知の状況で，どう解決したらよいかすぐには分からない，定型・典型からはみだした問題が増えていく。その中でも，その状況と自分との関わりを見つめて具体的に何をなすべきかを整理したり，その過程で既得の知識や技能をどのように活用し，必要となる新しい知識や技能をどのように得ればよいのかを考えたりし，そうした状況の中でも未来を切り拓いていく力を育成するのである。

　思考力等については，大きく分類して次の三つがあると考えられる。それらの課題解決のいわば練習を授業で小さい時期から実施していくことで，これらの思考をする姿勢とスキルが身に付くのである。

①物事の中から問題を見出し，その問題を定義し解決の方向性を決定し，解決方法を探して計画を立て，結果を予測しながら実行し，振り返って次の問題発見・解決につなげていく過程。

②精査した情報を基に自分の考えを形成し，文章や発話によって表現したり，目的や場面，状況等に応じて互いの考えを適切に伝え合い，多様な考えを理解したり，集団としての考えを形成したりしていく過程。

③思いや考えを基に構想し，意味や価値を創造していく過程。

　子どもが「どのように社会や世界と関わり，よりよい人生を送るか」に関わる学びに向かう力，人間性等は，他の二つの柱をどのような方向性で働かせていくかを決定付ける重要な要素である。子ども一人一人がよりよい社会や幸福な人生を切り拓いていくためには，主体的に学習に取り組む態度も含めた学びに向かう力や，自己の感情や行動を統制する力，よりよい生活や人間関係を自主的に形成する態度等が必要となる。これらは，自分の思考や行動を客観的に把握し認識する，いわゆる「メタ認知」に関わる能力を含むものである。こうした力は，情意や社会性とそれらを知識・思考に結びつけるように展望する力によって学習活動を推進するものとなる。これらはとりわけ，社会や生活の中で子どもが様々な困難に直面す

る際にその困難への対処方法を見出すようにすることにつながる重要な力である。

（2）主体的・対話的で深い学びへ

　本書のテーマでもある「アクティブ・ラーニング」とは能動的な学び，すなわち主体的・対話的で深い学びのことであり，学習者である子どもが主体として学び，知識を構成し，また協働的に活動し，その学んだことをその後の活動で活かし，そして学び続けることである。それは従来も卓越した学校においてまた優れた教師により実践されてきた。今それを強調するのは，すべての学校ですべての教師がこうした学びを可能にする指導を進められるようにして，どの子どもも自らの学習活動に対して能動的に関わることを目指し，学校教育のあり方を変えていこうとするのである。

　学力を構成する3要素を元にアクティブな学びのあり方を構想していける。車の両輪として，知識・技能と思考力等を考える。さらに，いわば車のエンジンとして「主体的に学習する態度」を置き，推進力として，新たに「学びに向かう力」としたのである。知識の面が高度化すると，相互につながり，構造化され概念化された知識となっていく。思考の面が表現とそれを介した他者との対話を通して高度化すると，熟慮され，多面的に吟味された自覚的な思考となる。主体的な学習態度が学ぶことの見通しを持ち，またこれまでの学びの履歴をとらえ直し，それを通して高度化すると，意欲から意志へと発展し，さらに生きることへの志としての学びとなる。

　各々の高度化のための手立てがアクティブ・ラーニングであり，三つがつながり合って，深い学びとなりつつ，同時に対話的で主体的な学びとなる。その最も高度な形態は，子どもが，社会への主体的な参画者となり，知への主体的な創造者となり，自己の主体的な形成者となっていくところにある。

従来の考えと多少とも違うところは，先ほども述べたように，知識を孤立したものとしてとらえることが多かったのに対して，学習主体による知識の体系化・構造化を強調する。思考を表現し，その表現と学習者が対話し，さらにその対話が他者との協働へと発展する過程が近年注目され，授業の工夫が進んできた。さらに，そこで自覚化を進めるようにもなってきた。主体的な学習態度にしても，意欲から粘り強く取組むことを強調するようになった。

　もう一つの特徴は，実際に出来ること・やれることを強調することである。スキルというとらえ方が個別の反復により身に付けることを超えて，一つは思考や態度といった高度で抽象性の高いものであろうと，教科等におけるいわゆる「見方・考え方」を働かせるよう目指して具体的な道具（ツール）を使えば，子どもにとってどう進めれば良いかが分かるようになった。もう一つは実際の場面で活かせるということである。将来，教師の指導を離れても使える学びを展望するには，実際に近いところで学んだことを試してみることが不可欠となる。

　こう検討し直してみると，アクティブであるとは，心・頭脳が活発に動くことを指すのであるが，子どもの学習過程においては，身体を動かし，道具を使い，意欲が喚起され，やり遂げようと頑張るところを含めていくべきだということがわかる。そこには，一人で学ぶことも，教師から直に指導を受けることも，子ども同士の対話もすべて含まれる。むしろその多様なあり方が重要であり，既に従来から「習得・活用・探究」という学びと指導のあり方で強調してきたところである。既にやっていることを高度なものにして，よい指導手立てを増やしていこうというのである。

（3）次元を高めたアクティブへと進める

　子どもは生まれつき，たくさんの萌芽的能力を持ち，他者・事物をその活動に巻き込みつつ，多くを学んでいく。そういった自覚することなくい

つのまにか周りへの関わり方が変容していくのが学習の原型である。だが，人間はその上で，そういった物事を頭の中に表象し，その知識を使って周りへと関わり，考えるようになる。

　だとすれば，知識自体をアクティブにする必要がある。取り出しやすくするだけでなく，つながりを多様に柔軟にする。そのために，何度も組み換え，いくつもの視点から構造を作り替えられるようにする。個別の知識の記憶はバラバラのままであったり，構造が1つの問から一本の線で順番に連なったりするだけだと，違う質問では取り出せなくなる。さらに，別な知識群が入ってきたときに新たな統合が難しい。固く閉ざされているからだ。アクティブ・ラーニングでは，知識の捉え方が変わる。強靭な思考は構造的で柔軟で組み替えが可能な知識群により支えられている。

　まず思考する。そこで，何か難しいと感じて，言葉にするのがメタ認知の始まりだ。どういうところが難しいかを考え，どうすればその難しさを克服出来るかを考えたり調べたりの手立てを考えることで，メタ認知が自己学習につながり，アクティブ・ラーニングへと発展していく。心的にアクティブであるというのは，学習場面では，単に一所懸命に関わり考えることを超えて，どうやって学べばよいかの方略を考え選び，また自分の学習と理解の状態を把握して，それを修正する営みを行うことである。だから，アクティブに持っていくためには，そういったメタ認知的活動を活発にして，自己学習に発展させるのであるが，メタ認知は大人でも簡単ではないので，種々の道具が必要となる。そういう道具を思考ツールと呼んだりする。

　学習活動では，体験を通して考えるのみならず，多種類の交渉からの経験が言葉による代理経験を含めて与えられるので，社会的に意味のある表象へと発展していくようにもなる。見えない世界はこういった表象過程を通して理解され，子どものその後の経験可能性の準備を進める。教育とは

そういった社会的表象の形成を意図的に社会側が行う営みである。子ども
は学習主体としてあらゆる生活場面でその表象の働きを発揮し、表象の変
容への刺激を受け取り、解釈するのでもある。

　アクティブであることは学びを広げ、体験の学びの土台を築き、種々の
学びを統合させる。学びの総体において受け身の学びは極めて多い。見て
知る。本を読む。ネットを眺める。だが、そこで主体の精神がいかに躍動
するかが大事である。受け身の学びが学びの広範な基盤を作るのであるが、
それを主体の能動的に生きるあり方へと変換するとき、意識的意図的でア
クティブな学びがそれを統合へと向けていく。優れた教師の授業実践にお
いてその具体的な姿を見ることができる。

（4）優れた教師とは多様な指導のあり方を組み合わせる

　学習とは方略的である。様々な学び方があり、考え方があることが分か
って、課題や目的に応じて使い分けることである。教師はそのような学習
者のあり方を実現しようとする。そのための指導の手立てもまた方略的で
あり、多様である。

　たとえば、学び方の型というのがある。それをまず習得することにより、
その後の学習過程をスムースにしようとする。しかし、その授業と学習の
スタイルがいついかなる時にも有効だというわけではない。思考ツールの
利用とアクティブ・ラーニングの発展は、既に優れた教師の指導法を多く
の教師の手の届くようにしてきている。多種多様な授業の手立てがあるの
だから、時と場合と子どもに応じて指導の手立ての組合せを進め、さらに
その手立てを子ども自身が使えるようにするのである。

　アクティブ・ラーニングとは体を動かす以上に、精神を活発に能動的に
することである。それは、その前に型があり、それが出来た後で精神を活
発化することで可能にするのではない。頭を使う営みと型また手立ての形
成は常に連動して進むものである。学習者が本気で考えることと、それを

授業のあり方の中に導入する仕掛けが必要なのである。

（5）教科等の見方・考え方

　各教科等の見方・考え方は，「どのような視点で物事を捉え，どのような考え方で思考していくのか」というその教科等ならではの物事を捉える視点や考え方であり，教科等の授業においては，それを身に付けることを通して，資質・能力が形成されるのである。各教科等を学ぶ本質的な意義の中核をなすものであり，教科等の学習と社会をつなぐものであることから，子どもたちが学習や人生において「見方・考え方」を自在に働かせることができるようにする。

　教科等における「見方・考え方」とはその定義を学ぶというより，その教科の授業を通して，そこでこそ学ばれる独自の知識的捉え方とその独自の構造化のあり方を教科ごとの課題解決の過程に使っていくのである。逆にそういう学習過程を通して，見方・考え方は教科の授業の中で学ばれていく。

　その見方・考え方が十分に習得されると，それが知的な道具として働き，他の教科や現実場面での課題解決において呼び出して使うことができるようになる。それを教科横断的とか汎用的と呼んでいる。そういったスキルやものの捉え方は内容抜きにいきなり学ばれることはない。内容の中で，ということは，それぞれの教科特有の知識とともに学んでいくのであり，そしてそれを他の教科を超えたところに適用する試みを通して，当該の教科の知識自体が鍛えられ，生きたものとして現実に広がった知的道具となるのである。

表 2-1　小学校体育の領域構成と内容

1 年	2 年	3 年	4 年	5 年	6 年
【体つくりの運動遊び】		【体つくり運動】			
体ほぐしの運動	体ほぐしの運動	体ほぐしの運動	体ほぐしの運動	体ほぐしの運動	体ほぐしの運動
多様な動きをつくる運動遊び	多様な動きをつくる運動遊び	多様な動きをつくる運動	多様な動きをつくる運動	体力を高める運動	体力を高める運動
【器械・器具を使っての運動遊び】		【器械運動】			
固定施設を使った運動遊び					
マットを使った運動遊び		マット運動		マット運動	
鉄棒を使った運動遊び		鉄棒運動		鉄棒運動	
跳び箱を使った運動遊び		跳び箱運動		跳び箱運動	
【走・跳の運動遊び】		【走・跳の運動】		【陸上運動　】	
走の運動遊び		かけっこ・リレー		短距離走・リレー	
		小型ハードル走		ハードル走	
跳の運動遊び		幅跳び		走り幅跳び	
		高跳び		走り高跳び	
【水遊び】		【水泳運動】			
水に慣れる遊び		浮く運動		クロール	

浮く・もぐる遊び	泳ぐ運動		平泳ぎ	
【ゲーム】			【ボール運動】	
ボールゲーム 鬼遊び	ゴール型ゲーム		ゴール型	
	ネット型ゲーム		ネット型	
	ベースボール型ゲーム		ベースボール型	
【表現リズム遊び】	【表現運動】			
表現遊び	表現		表現	
リズム遊び	リズムダンス			
			フォークダンス	
	【保健】			
	健康な生活	体の発育・発達	心の健康 けがの防止	病気の予防

【引用・参考文献】

1) 文部科学省「小学校学習指導要領解説体育編」2008年

2) 文部科学省「小学校学習指導要領解説体育編」2017年

3) 無藤隆（解説）「学習指導要領改訂のキーワード」明治図書

4) 無藤隆「新しい教育課程におけるアクティブな学びと教師力・学校力」図書文化

体 育 科 学 習 指 導 案

日　時　平成　年　月　日（　）第　校時
　　　　　○○：○○～○○：○○
対　象　第○学年○組　○名（男子　女子）
学校名　○○○○　学校
授業者　職・氏名　　　　　　　　　印
会　場　体育館・アリーナ・運動場

1　単元（題材）名（科目名、教科書、副教材等）

2　単元（題材）の目標

・学習指導要領に基づき、具体的に記述する。
・児童・生徒が身に付けさせたい力を具体的に記述する。
・「～する」「～することができる」など、児童・生徒の立場で記述する。

3　単元（題材）の評価規準

ア　関心・意欲・態度	イ　思考・判断・表現	ウ　技能	エ　知識・理解
①すすんで○○しようとしている。 ②○○を生かそうとしている。	①○○について考えたことを表現している。 ②	①○○の技能を身に付けている。 ②	①○○について○○を理解している。 ②

・単元（題材）の目標を基に「おおむね満足できる」状況を観点別に具体的な児童・生徒の姿として示す。
・観点は、教科によって異なっていることに留意する。（例　体育の観点は、「運動や健康・安全への関心・意欲・態度」「運動や健康・安全への思考・判断」「運動の技能」「健康・安全についての知識・理解」の4観点で評価する。）
　参照：「評価規準の作成、評価方法等の工夫改善のための参考資料」（小学校・中学校：平成23年11月）
　　　　「適正で信頼される評価の推進に向けて」（平成24年3月　東京都教育庁指導部）

4　指導観

(1)　この単元（題材）の扱いについて（単元観）
　　　・・・学習指導要領における位置付けや、重点を置く指導事項等について記述する。
(2)　児童・生徒の実態について（児童観）
　　　・・・本単元（題材）の学習内容に関する基礎的な既習事項の定着状況や授業を実施するクラスに見られる学習上の課題について記述する。
(3)　教材の活用について（教材観）
　　　・・・授業で扱う資料や、各種教材・教具、地域の人材、学習環境、ICT等をどのように活用するかを記述する。

5　年間指導計画における位置付け

本単元（題材）の学習内容に関連すると考えられる前後の学習内容を記述する。

適切に組み合わせ・観点ごとの評価規準を学習活動に即して具体的に記述する。
・1単位時間の中で、1～2項目の評価となるよう焦点化する。
・観察を中心とした授業中の評価と、ノートやワークシート、作品等による授業後の評価を記述する。

6　単元（題材）の指導計画と評価計画（○時間扱い）

	ねらい	学習内容・学習活動	学習活動に即した具体的な評価規準・評価方法（　）
第1時			・ア－①　○○について関心をもち、意欲的に○○しようとしている。（調べたり発表したりする様子の観察）
第◆時 （本時）			・エ－①　○○について資料を収集し、○○してまとめ、その内容を説明している。（ノート記述の観察）

7　指導に当たって

指導に当たって工夫・改善したこと等を記述する。
　（例）・授業形態の工夫　（一斉指導と個別指導、少人数指導、グループ学習、ＴＴ等）
　　　　・指導方法の工夫　（示範、板書、発問、言語活動の充実、体験的学習等）

8　本　時（全○時間中の第○時間目）

(1) 本時の目標

・単元（題材）の目標を達成するために、本時において児童・生徒にどのような力を身に付けさせるのかを記述する。

評価方法の具体例
・ノート、ワークシート、板書等の記述の観察
・授業中の発言の観察（教師の発問に対する応答、挙手による発言、話し合い活動等）
・課題に対する実際の活動の内容（体育：運動に取り組む様子）等

(2) 本時の展開

時間	○学習内容　・学習活動	指導上の留意点	評価規準（評価方法）
導入 ○分	・既習事項を確認し、本時のねらいを把握する。 ・学習の進め方を知り、学習の見通しをもつ。	・板書で目標を明示する。 ・○○を示して○○○について課題意識をもたせる。	
展開 ○分	・学習活動の流れと学習する内容が明確になるように記述する。 ・主発問と予想される児童・生徒の答え、補助発問等を記載する。 ・各教科等の目標を実現するための言語活動を充実させる。 （○記述例） ○地図を見て、学校の周りの様子と市街地の様子を比べて、違いや共通点に気付く。 ○□□□の性質を理解する。 （・記述例） ・△△の変化について、実験結果を確認する。 ・○○について気付いたことを意見交換する。 ・意見交換を基に、自分の考えをまとめる。	・本時の目標を達成するための具体的な指導や工夫等について記述する。 ・自己の課題を達成するための指導の工夫・改善等について具体的に記述する。 ・教師の指示や説明の目的も記述する。 ・授業途中の評価で評価規準に達していない児童・生徒に対するさらなる留意点を具体的に記述する。 ・学習内容によっては、安全や健康面への配慮や個別の対応を必要とする場合は記述する。 ・TT等の複数の教員が関わる授業では、それぞれの教員の役割を明確にして記述する。 ・△△の変化について、観察の様子と関連付けて考えさせる。 ・意見交換をする際の視点を○○、方法を□□とする。 ・まとめたことを、学習のねらいに即して価値付ける。	・本時で身に付けさせたい力を、どの学習活動のどのような児童・生徒の姿から把握するのか、展開の中で位置付ける。 ・効果的・効率的な評価を進めるために評価を焦点化して記述する。 (記述例ウー①) ○○について資料を収集し、○○して必要な情報を読み取ったり、まとめたりしている。（集めた資料の内容、ノート記述の内容） ＜判断するポイント＞（例） A:○○についての複数の資料の中から、小見出しやタイトルなどを付けたり、資料と資料の関係を整理したりしている工夫が見られる。 B:○○についての資料の中から必要な情報を分かりやすく整理して書き出している。
まとめ ○分	・本時の学習内容について振り返る。 ・次時の学習についての見通しをもつ。	・本時のねらいの達成に向けた実現状況を確認する。 ・次時の学習への見通しをもたせる。	

(3) 板書計画

・1単位時間の学習の流れが分かるように、内容を整理して記述する。
・単元（題材）名、本時のねらい等を記述する。
・視覚的な提示を工夫する。

(4) 授業観察の視点

授業改善に向けて、授業力の要素に基づき、観察してほしい点や、協議してほしい点を記述する。
〈記述例〉
　　＜目標＞　　教科・科目等の目標、単元の目標、本時の目標との一貫性をもたせていたか。
　　　　　　　　本時の指導に指導観が生かされていたか。
　　＜展開＞　　学習活動が、本時の目標を達成するための学習活動となっていたか。
　　　　　　　　児童・生徒の主体的な活動を取り入れていたか。
　　　　　　　　時間の配分は適切であったか。
　　＜学習活動、指導上の配慮事項＞
　　　　　　　　児童・生徒の興味・関心を高める導入の工夫があったか。
　　　　　　　　分かりやすく効果的な発問、整理された板書、計画的な資料提示の工夫等がされていたか。
　　　　　　　　言語活動の充実が図られていたか。
　　＜評価＞　　本時の目標と評価項目と学習内容が一致していたか。
　　　　　　　　学習活動に即した評価計画、評価の観点は適切だったか。

9　ご高評欄

・・・第3章・・・
子どもの発育・発達

第1節　発育・発達の概要

　発育（growth）とは，形態・重量の増加といった量的な変化を意味し，身長や体重が例として挙げられる。また，発達（development）とは，生物・事物・事象が低い段階から高い段階へと向かう質的な変化を意味し，脳・心臓などがこれにあたる。

　教育，とりわけ体育では発育を，身長，体重，座高，頭囲，胸囲といった形態の変化として捉えることが多い。文部科学省は毎年，学校保健統計調査を出している。それによると，身長は9歳（小学4年）頃までは男子が高い傾向にある。12歳（中学1年）までは逆に女子が高くなり，その後再び男子が高くなる。中学での女子は，身長発育が停滞傾向を示すようになる。また，学童期の身長発育は，男女とも直線的な増加を示している。このことは，年間発育量が一定に近いことをあらわしている。

　この年間発育量を算出してみると，男子の8〜10歳，女子の10〜11歳以外で，年間5.5〜6.5 cmの値を示している。一定に近いテンポで発育しているといえる。女子では10〜11歳でピークを迎え，その後急速に発育量は減少し，成熟期を迎える。男子は女子より1年遅れ，11〜12歳でピークとなる。12〜13歳でも高い値を示し，その後，減少していく。小学校高学年は，男子より女子の身長が高い傾向がある。

　体重発育を同様の資料からみてみると，10歳頃まで男子が重く，11歳頃には女子が重くなる。その後再び男子が重くなり，女子は増加が緩やか

になっていく。身長と同様の発育を示しているが，身長のように直線的でないことがうかがわれる。凹型の曲線を描き出し，発育量が加齢とともに増加していることを示している。体重の年間発育量では，ピーク年齢は身長と同様であるが，ピークまでの発育量の増加が確認される。身長は一定の発育量で推移し，体重の発育量は加齢とともに増加することは，体型が変化していることを意味する。体型の変化をみるために，小学生ではローレル指数を用い，成人には BMI 指数を算出する。ローレル指数は，体重（kg）／身長（cm）^{3}×10000000 で，BMI 指数は，体重（kg）／身長（m）^{2} で算出できる。男女ともに増加を示し，男らしい身体，女らしい身体へ変化していく過程であると推測される。

第2節　運動機能の発達

　発達は発育と異なり，知能，運動機能といった身体機能の変化を表す場合が多い。身体の伸長や充実による筋量が増加し，身体の運動機能に影響するなど，発育と関係が深いものである。文部科学省は，毎年，体育の日に，「体力・運動能力調査」を報告している。

　まず，握力であるが，6 歳から 11 歳まで，男子が高い値を示し，その後，差が拡大する。増加量は，6〜11 歳まで男女ともに同じテンポで進む。第二次性徴による性ホルモンの分泌により，差が広がると予測できる。

　この握力は，瞬発的な筋力を測定しているとされ，持久的な筋力は上体起こしで測定できる。6〜7 歳ではそれほどなかった男女差が，8 歳頃から徐々に開き始める。7 歳頃までは，成熟という過程で筋肉が発達するが，8 歳を過ぎるとホルモンバランスの変化から，適度な運動刺激により，筋肥大が起こるとされている。男女の身体活動の差により広がっている可能

性がある。

　この傾向は，50m走のタイムから換算した走測度，シャトルラン，反復横跳び，立ち幅跳びでもみられる。走測度は，6〜11歳まで同じテンポで増加しているが，12歳から差が広がり，シャトルランは6歳から徐々に差が広がっている。女子では，13〜14歳の顕著な増加はみられず，シャトルランでは，減少を示している。女子の走測度は14歳，シャトルランでは13歳が成人までの成績では，最高値を示している。多くの体力・運動能力のうち，男女の比較から特徴的な変化を見せるのが，長座体前屈である。6歳から13歳頃まで女子が高い値を示している。増加のテンポでは女子が，直線的で身長の伸びに似ており，身長で差が広がる中学生で，男子に逆転されていることも考えられる。男子は凹型の曲線で，体重の増加に似ている。

　では，小学生の体力・運動能力の成人に対する発達度合いは，どのように推移しているのだろうか。ここで17歳データを用いるのは，前述した女子の走測度，シャトルラン以外，最高値を示しているからである。全ての項目，年齢で女子が高い割合を示していた。女子は男子に比べ，早熟であることを示唆している。6歳での割合が比較的低い握力と運動能力で最高値の走測度をみてみると，握力は7歳からも低い値で推移し，11歳でも50%以下である。高い値で推移しているのは，走測度である。この2つの測定項目と比較的似ている項目は，身長と体重である。よって，握力は体重増加に，走測度は身長増加に並行して発達しているものと，概ね推察される。

　シャトルランも特徴的な変化をみせる項目である。6歳で男女とも最低の割合を示し，その後急速に向上をみせる。筋組織，呼吸循環器，末梢神経系などの著しい発育，発達により高まった能力といえる。

第3節　運動指導について

　身長，体重の発育から，男性らしい体，女性らしい体へととくに女子は急速に変化する時期である。体力・運動能力は，長座体前屈以外，男子が高い値で推移，発達していくが，成熟度合いを考えると，女子が成人に近づいている。このように体が変化している小学生に，運動を指導する際の工夫を，おもに「分化」と「統合」といった側面から考えてみたい。

　「分化」とは，単純なものから複雑なものに変わっていくことである。たとえば，左右対称の動きから，左右で違う動きができるようになることである。子供向けの歌の振り付けなどは，多くの場合左右同じ動きになっている。また，ラジオ体操も特に前半は左右で同じ動きとなっている。これらのことは，子どものできる動きを求めた結果であろう。どちらかを動かすと，他方も動いてしまういわゆる随意運動の消滅が，「分化」の過程として捉えることができる。小学生でバスケットボールのドリブルのつきだしで，ボールが床につく前に両足が動いてしまい，トラベリングのファールをしてしまう。ある時期，急にうまくつきだしができることがある。練習によるものか，成熟の過程でできるようになるのかは不明でも，その変化を指摘し，評価してあげることが指導者としては大事になる。中学になるまでできないこともあることを，留意してあげてほしい。

　「統合」は，部分的な運動がいくつか集まり，目的とする運動が完成していく過程である。立ち幅跳びの発達過程では，「首の後屈」「腕のふりあげ」「腕のつき出し」といった運動を統合し，立ち幅跳びの運動ができあがる。指導の過程では，どの段階にあるかを的確に把握し，具体的な部分的運動を支持することにより，効率の良い運動指導ができる。投動作も同様に，簡単で具体的な指示により，正確な投動作を獲得することができる。なお，この運動は，バドミントンのオーバーでの打ち方習得にも使える。

　最後に，バスケットボールのドリブルを考えてみる。「視線はゴール」

これは周りの状況を判断するのに役立つ。「逆の手を近く」は左ドリブルへチェンジしやすい，左からのディフェンス対策になる。「前方につきだす」はボールを蹴らないため，スピードをつけるため，といった説明も同時に指摘できれば，子どもの理解度は向上すると思われる。

　徒競走のスタートは，低学年のスタンディングスタートから，高学年になるとクラウチングスタートへと変化する。張力発生の程度の差からこのように変化するといわれている。筋肉の特性に由来するこのような子どもらしい動きが存在するにしても，正しい動きを身につけることは大切であろう。子どもらしい投球フォームを，正しいフォームへと指導することは，スピードや距離を追求せず，コントロールを重視して行えば問題はないであろう。教わった動きは，一生，身についているということを，忘れないでほしい。

第4節　食育・安全教育・心身の成長発達

　「食育」については，「食に関する知識と食を選択する力を習得し，健全な食生活を実践することができる人間を育てる」（食育基本法，平成17年）ために，発達段階を踏まえて，給食の時間や家庭科などの関連する教科等において，食に関する指導の内容の充実を図り，各学年を通して一貫した取り組みを推進するようになっている。

　「安全教育」については，第7章で詳しく解説するが，自他の危険予測・危険回避の能力を身につけることができるようにする観点から，発達段階を踏まえて，学校の教育活動全体で取り組むこととなっている。

　「心身の成長発達についての正しい理解」については，学校全体で共通理解を図りつつ，発達段階を踏まえ，体育科などの関連する教科では「心身の発育・発達と健康，性感染症等の予防などに関する知識を確実に身に付けること」を，特別活動では「生命の尊重や自己及び他者の個性を尊重

するとともに，相手を思いやり，望ましい人間関係を構築すること」など
を重視して，相互に関連づけて指導するようになっている。

「食育」「安全教育」「心身の成長発達についての正しい理解」について
の指導を推進するには，家庭や地域の理解を得ることが重要である。こう
した指導について，学校・家庭・地域の連携・協力を積極的に図ることに
よって，体育学習や保健学習でより確かな成果を挙げる必要がある。

第5節　望ましいスポーツライフの実現に向けて

小学校低学年においては，走る，跳ぶ，投げる，捕るなどという基本的
な運動を習熟するという発達課題があり，大脳の発達も活発となる時期で
ある。体力面でも向上が見られ，学校や地域において，スポーツ活動との
かかわりが始まる。

小学校高学年においては，調整力（目的とする動作を正確・円滑に効率
よく行える能力）の発達が顕著となり，筋パワー（瞬発力と同じ意味で，
集中的な筋力の発揮）の発揮能力は小さいが適切な負荷での持久的な運
動・スポーツが可能になってくる。

また，二次性徴が始まり，精神的にも身体的にも大人に近づき，基本的
な生活習慣が確立するようになる。

生活環境の変化に伴い，屋内でのひとり遊びの比重が高まり，仲間や異
年齢集団との身体活動を伴う運動遊びが減少し，体力の低下が危惧される
とともに，スポーツに親しむ機会も不足してきている。なお，児童期のス
ポーツ活動の中には，練習のし過ぎや特定種目への早期専門化の問題も指
摘されている。

この時期においては，学校における体育や，家庭や地域における様々な
運動遊びを通して，基礎的な体力や運動能力を身に付け，仲間や異年齢集
団との交流等を幅広く行うことが「生きる力」を高めることにつながる。

特に，この学童期においては，学校内外を通じて，子どもたちが運動嫌いや体育嫌いにならないように配慮するとともに，男子向き女子向きといった固定的な考え方にとらわれず，運動・スポーツとの「良い出会い」，「楽しい出会い」ができる機会を持つことが必要とされる。他方，子どもたちの健康を増進し，成長発達を促していくためには，バランスのとれた基礎的な体力を身に付けることが大切である。なお，健康や体力の根幹となる持久力を高めるためには，自らの興味・関心を生かして，自主的・自発的に「きつい」ないしは「かなりきつい」と感じる程度の運動・スポーツを1日5〜15分，週3日以上行うことが望ましい。

また，身近な自然の中で，様々な活動を体験することにより，「生きる力」を実際に試したり，養ったりすることが大切である。

地域においては，子どもたちが運動・スポーツのクラブに加入するなどして，様々な行事に参加し，異年齢集団や異文化との接触を通して，豊かな社会性や人間性を涵養させることが期待される。

写真：水泳授業（高学年）

【参考文献】

1) 三村寛一・安部惠子編著「保育と健康[改訂版]」嵯峨野書院，2013年
2) 高木信良編著「最新版　幼児期の運動あそび－理論と実践」不昧堂出版，2009年
3) 加部一彦(編)「子どもの保健Ⅰ」一藝社，2014年
4) 林俊郎(編)「子どもの食と栄養」一藝社，2013年

・・・第4章・・・

小学生の体力

第1節　小学生の体力の現状

（1）「新体力テスト」の歴史

　毎年，各学校では「**体力・運動能力調査**」が行われている。この「**新体力テスト**」（表1）は，平成10年度から国民の体位の変化，スポーツ医・科学の進歩，高齢化の進展等を踏まえて始められたものである。これは昭和39年以来，国民の体力・運動能力の現状を明らかにし，体育・スポーツ活動の指導と行政上の基礎資料として広く活用することを目的として「運動能力テスト」「体力診断テスト」として実施していたテストを全面的に見直して現状に即したかたちにしたものである（表2）。

表1　新体力テスト

握力（筋力）	反復横跳び（調整力）
50m走（走力）	立ち幅跳び（跳躍力）
20mシャトルラン（持久力）	上体起こし（筋持久力）
長座体前屈（柔軟性）	ソフトボール投げ（投擲力）

表2 「運動能力テスト」「体力診断テスト」一覧

テスト項目		対象年齢		
		6〜9歳	10・11歳	12〜29歳
運動能力テスト	50m走（走力）	○	○	○
	走り幅跳び（跳躍力）		○	○
	立ち幅跳び（跳躍力）	○		
	ハンドボール投げ（投擲力）			○
	ソフトボール投げ（投擲力）	○	○	
	懸垂腕屈伸（筋持久力）			○
	斜懸垂腕屈伸（筋持久力）		○	
	ジグザグドリブル（調整力）		○	
	連続逆上がり（調整力）		○	
	持久走（持久力）			○
体力診断テスト	反復横跳び（調整力）		○	○
	垂直跳び（跳躍力）		○	○
	背筋力（筋力）		○	○
	握力（筋力）		○	○
	伏臥上体反らし（柔軟性）		○	○
	立位体前屈（柔軟性）		○	○
	踏み台昇降運動（持久力）		○	○

（2）体力向上にむけて

　1998（平成10）年度から始められた「新体力テスト」の各校のデータは文部科学省で2008（平成20）年度から集計，分析が行われ毎年体育の日に合わせて報告されている（2016（平成28）年度からはスポーツ庁）。

その中で，明らかにされてきていることが，「意識」「時間」「体力」が密接に関わっていることである。

体力・運動能力調査（新体力テスト）の実施項目は，巻末資料も参照されたい。

データによると「運動やスポーツが好き」と肯定的な意識のある児童生徒は一週間の総運動時間が長く，体力合計点が高い傾向にある。

具体的には，「総合評価がA」であった児童生徒は，「運動やスポーツが好き」であり，「1週間の総運動時間が420分以上」であった。

このことから，体力向上においては，現行の学習指導要領に明記されているように，まず，「運動の楽しさや喜びを味わうことができるようにする」ことで運動の特性や楽しさを感じさせる授業や活動が必要になってくる。運動することの楽しさ（意識の向上）が，運動遊びやスポーツを始めるきっかけとなり運動時間の増加につながるのである。運動時間の増加は体力・運動能力の向上につながってゆく。

また，2016（平成28）年度に新たに「小学校入学前の外遊びの実施状況」という質問事項が追加された。その結果，幼児期に外遊びをよくしていた児童は日常的に運動し，体力も高いという分析がなされた。

このように「意識」「時間」「体力」は体力向上に向けてのキーワードになる。

（3）最新の結果

2017(平成29)年度の調査結果（小学5年生が対象）を男女別にみると，男子は8種目中，上体起こし，20mシャトルラン，長座体前屈の3種目で過去最高値（2008(平成20)年度の調査開始以降最も高い（以下同じ））となり，体力合計点も過去最低値（2008(平成20)年度の調査開始以降最も低い（以下同じ））だった平成27年度より上昇，ここ数年で最も高い値とな

った。

　これは，男子児童生徒の体力が全体的に低下していることを意味している。その背景には，第8章で示したように「サンマ（三間）」の減少，遊びの変化が要因と考えられる。特に，遊びについてはトレーディングカードによるカードバトルの流行，テレビゲームやポータブルゲーム機の普及拡大で室内遊びが増加し，男子児童生徒の遊び方が変化したことが大きな要因であると考えられる。

　また，女子児童の体力は8種目中，50m走，20mシャトルラン，上体起こし，反復横跳びの4種目で過去最高値となり，体力合計点も過去最高値となった。男子児童生徒と比較すると，「意識」に関して，運動に必要な「食事」「睡眠」を重視している割合が高い。また，1日あたりのテレビ視聴時間やテレビゲームの時間が男子児童生徒より少ない。遊び方も，男子児童生徒がボール遊びと室内でのゲームに対し，鉄棒遊び，ジャングルジム，なわとび，鬼ごっこなど全身を使った昔ながらの遊びをする傾向が高い。こういった普段の何気ない遊び方は児童生徒の基本的な体力づくりに関わっていると考えられる。

　一方で，男女ともに，握力とソフトボール投げは過去最低値とはいかないまでも依然として低水準のままであった。

　体力の低下傾向にある程度の歯止めがかかったとはいえ，1985(昭和60)年頃と比較すると依然として低い状況がみられる。

第2節　体力向上の取り組み

（1）「意識」の高い児童生徒・学校の特徴

　児童生徒が「楽しい」と感じている体育の授業には3つの特徴がある。

　1つ目は，授業時に必ず「目標」が示されていることである。2つ目は，授業後の振り返りの時間があること。3つ目は，授業の中で，仲間と協力，

話し合い，助言する時間があることである。

　これは，目標設定，修正，事後評価をすることで短時間であっても効率的に運動効果を高めることができる。つまり，PDCA サイクルを行っているのである。

　また，運動の機会やコミュニティの一環として児童生徒に対して技能や能力に応じた積極的な取り組みが行われている。

　学校や地域が，運動に関するイベントを数多く取り入れたり，トップアスリートをゲストティーチャーとして招き，本物の動きを紹介したりしている。例えば，イベントとして，持久走大会，ドッジボール大会，なわとび大会，駅伝大会，球技大会などさまざまな工夫で児童生徒が運動や人に接する機会を与えている。

（2）「時間」の長い児童生徒・学校の特徴

　運動時間が長い児童生徒は前述の通り「1 週間の総運動時間が 420 分以上」としている。この条件に合致している児童生徒には 3 つの特徴がある。

　1 つ目は，「家庭とのかかわり」である。これは，家族の誰かと一緒に運動する機会が多いことを示している。

　2 つ目は，「食事・睡眠（休養）・運動」の大切さを自分なりに理解している。

　3 つ目は，学校内外で運動に関わる機会が多いことである。

　一方で，こういった児童が多い学校は，次のような取り組みを行っている。

・運動実施状況の把握（学校内外での活動状況の把握）

・運動時間を確保する取り組み（授業外での取り組み）

・生活習慣改善の取り組み

・家庭への説明，呼びかけ
・教員間での情報共有（体力向上に対する学校目標の設定とその共有）
・運動できる場（環境）の設定，整備
・地域との連携や地域人材の活用
・PDCA サイクルの活用

（3）「体力」の高い児童生徒・学校の特徴

体力・運動能力の高い児童生徒には 3 つの特徴がある。

1 つ目は，運動・スポーツに対して，好意的で運動時間が長い。

2 つ目は，授業中に仲間と協力，助言，話し合いを積極的にできる。

3 つ目は，今やっていることが自分自身の現在，将来に役立つと感じている。

一方で，こういった児童が多い学校は，次のような取り組みを行っている。

・総合的な取り組みを実施（複数の取り組みを総合的に実施）
・調査結果の活用（授業外での取り組み）
・運動できる場（環境）の設定，整備
・地域や大学との連携
・PDCA サイクルによる総合的な取り組み
・体育専科教員の配置
・魅力ある授業づくりの実施
・学校，家庭，地域が一体となった支援

（4）今後に向けた取り組み

体力の向上にはさまざまな要因があり，さまざまな取り組みが必要であ

る。また，運動する子とそうでない子の二極化傾向も顕著である。体力向上は，生涯にわたって健康な身体を維持するために大変重要である。医学が進歩し，高度な医療技術が身近に存在することはありがたいし，心強いことである。しかし，心身の健康を保持増進することは私たち一人ひとりが人間生活を営む上での必須条件である。

　そのために学校教育，社会教育，家庭教育において，子どもに対して体力や健康をより「意識」させ，体力向上に向けて「時間」を確保する必要がある。あわせて運動ができる「環境整備」も求められる。

【引用・参考文献】

1) スポーツ庁　2016（平成28）年度全国体力・運動能力，運動習慣等調査報告書
2) 山梨学院大学附属小学校　新体力テスト結果報告，2015，吉井英博
3) 矢野正・吉井英博　子どもの体力とスポーツテスト　帝塚山学院小学校『児童生活』，174号，pp.19-24，2005

・・・第5章・・・
運動指導の在り方

　子どもの心身の発達を支えるために，運動やあそびは大変重要である。しかしながら，その運動やあそびを支える場の設定や指示，助言，指導の方法によって子どもの豊かな発達に大きな影響を与えてしまうことがある。好影響を与える一方で，悪影響，つまり運動嫌いにしてしまったり，できない，わからないままにしてしまったりすることもあるのである。

　本章では，4つの視点から運動指導において考慮しておきたい事項を紹介する。

第1節　子どもの発達特性

　就学期前後の子どもは，物事のつながりに気づき，分類したり関連づけたりすることができるようになる。また，友だちを仲間として認識し，友だちとの間に起こる葛藤に耐えたり，自己コントロールをしたりすることができるようになってくる。また，きまりを理解し，自分で考え，判断し，行動することができるようになることから，ルールのある遊びを楽しみ，仲間と共同・協力する遊びや運動ができるようになる。

　運動やあそびの指導を行うにあたり，指導者は一人ひとりのもつ力を最大限に発揮できるように配慮しなければならない。

　また，指導者は子ども自らが主体的，自発的，積極的に取り組み，状況に応じて，自分で考え，判断し，行動することができる子どもを育てることが重要である。

そのために指導者は，指導上の展開で配慮すること，子どもとのかかわりで配慮することを理解した上で，実際に指導を行うことが求められる。

（1）指導上の展開で配慮すること

　1）段階的な指導

　　　簡単なことから難しいことへ

　2）活動人数

　　　①個人（1人）から少人数へ

　　　②少人数からグループへ

　　　③グループから集団へ

　3）ルール順守・理解

　　　①ルールや「ぶり」ができないルールづくりの工夫

　　　②ルールを守ることで「楽しく」なる経験

　4）展開のメリハリ

　　　①静と動

　　　②GO　and　STOP

　　　③力合わせと力くらべ

　5）運動量の確保

　6）仲間づくり運動（あそび）

　　　友だちと触れ合いながら協力する，競争する，力をコントロールする。

　7）反復・習慣化

　　　繰り返し行動させることで，動きを身に付けさせる。その際，明確なめあてを持たせたり，待ち時間をできるだけつくったりしない工夫が必要である。（ラーニングストーリー）

　8）安全に配慮

指導者の気の緩み，人・ものに対する錯覚，手抜き，憶測などに
よるヒューマンエラーに注意する。
9）楽しさに偏りのでない指導
　子ども一人ひとり「楽しさ」に対する価値観は違うことを指導者
が十分認識しておく。
１０）「発見」できる工夫
　　子どもが活動のなかから，「気づく」，「考える」，「試す」などさ
まざまな発見ができる工夫をする。

（２）子どもとのかかわりで配慮すること
　1）助言・助力
　　子ども一人ひとりの身体的，知的特徴をとらえ，個に応じた配慮
をすること。
　2）興味・関心・意欲がでるかかわり
　3）子どもを理解する
　　子ども一人ひとりの実態を知り，状況に応じた対応をする。

（３）用具の理解
　運動やあそびのなかで子どもが使う遊具や用具について，使用方
法や子どもに考えられる別の使用方法，危険個所などあらかじめ予
測し，危険箇所等がある場合は補修したり，除去しておいたりする
などしておく。

第2節　安全管理

体育の学習に限らず，学校の現場では安全管理は重要である。
子どもの命を守ることは，わたしたち教職員の責務である。

（詳細は，本書の第7章を参照していただきたい。）

　体育の学習で指導者が安全に配慮することは当然のことであるが，同じように子どもたちにも安全に対する知識や態度を育成することも必要になる。指導者が安全管理する際のポイントは，以下の通りである。

（1）施設・用具の管理
　　1）運動場，体育館，プール，固定器具遊具の定期的な点検，整備
　　2）備品の数量確認，破損点検

（2）健康上の管理
　　1）朝の健康観察
　　2）授業前後の健康観察

（3）自然条件上の管理
　　1）季節，気温，湿度の配慮
　　　特に，屋外プールでの水泳は水温と気温の計測は必ず行うこと。原則として，水温+気温の合計数が 42 を下回るときには中止することを勧める。
　　2）光化学スモッグ，PM2.5，花粉飛散への対応

（4）野外活動（校外活動）時の対応
　　1）海，山，川，湖など自然について必要最低限の知識をもち指導にあたる。特に，水辺で教育活動を行う際は，万一に備えた対策（例えば，救助用浮具の用意，CPR の訓練，緊急時のシミュレーション等）を講じておく。
　　2）下見による危険個所，危険物の確認および除去
　　3）各関係機関（消防，警察，病院等）の経路，連絡系統の確認および挨拶

（5）組織的な危機管理

1）危機管理の「さしすせそ」
　さ・・・最悪を考えて
　し・・・慎重に
　す・・・素早く
　せ・・・誠意をもって
　そ・・・組織的に

第3節　指導について（計画と評価）

　体育の学習において，その目標を達成するには計画的に学習指導を展開していく必要がある。小学校の6年間を見通して，各学年の実情に応じた授業時数や単元計画を適切に設定し，系統性のある指導計画を作成していくことが重要である。

　ここで，次期学習指導要領の改訂で明記される事項に「アクティブ・ラーニング」があげられる。体育の学習はその性質上，基本的な学習としてのベースになってきた。しかしながら，ここで体育における「アクティブ・ラーニング」の基本的な考えについて述べておく。

（1）体育科における「アクティブ・ラーニング」の本質的な理解

　1）問題発見・解決を念頭においた深い学びの過程が実現できているか。

　2）自らの考えを広げ深める，対話的な学びの過程が実現できているか。

　3）自らの学習活動を振り返り，次にどうつなげるか　主体的な学びの過程が実現できているか。

（2）「アクティブ・ラーニング」を活用した授業づくりの基本

1）子どもの実態を把握する

2）課題をもち，自ら，考え，判断し，活動する

3）教師の確かな支援のもと，得た知識を技能，態度として活用させる

4）汎用的能力の育成（思考・判断）

5）課題の発見，解決に向けた主体的・協働的な学び

6）自分に合った運動との関わり方を学ぶ

7）楽しさの深まりや広がりをもたせる

（3）「アクティブ・ラーニング」の授業づくりに求められること

1）何を学習（指導）するのか

指導内容の明確化，系統性

2）学習意欲（楽しさ）をもたせる

3）どのように学習（指導）するのか

6年間を見通して体系化されたカリキュラムの編成

4）豊かなスポーツライフを目指した授業になっているのか

5）「楽しい体育」から「もっと楽しい体育」へ

課題解決的な学習（課題設定と自己分析）および肯定的な関わりや公正な態度

第4節　学習カード・安全点検表の活用

（1）学習カード

体育の授業に関わらず，学習カード（プリント）を活用することで学びやすさとやる気を促すことができる。

学習カード作成の目的は，個別理解のための材料にすること，子ど

もの理解を深め課題設定や意欲を高めることにある。

学習カードに記載する内容は，以下の通りである。

1）単元や本時のめあて

①何を学ぶのか（目標設定）

②何を目指すのか

③どこまでできればいいのか（評価の理解と確認）

2）どんな活動をする（した）のか

①事実（活動）の確認

②試合（活動）結果

③作戦（活動）の工夫

3）成果，課題は何か

①できたことは何か（自己評価，他者評価）

②できなかったことは何か（自己評価，他者評価）

4）教師のコメント

①賞賛（具体的な肯定）

②励まし（具体的な改善点）

（2）安全点検表

体育の授業，学校活動で使用する施設，用具について定期的に点検し，一覧表にして保管しておく。また，教職員が一目でわかる場所に一定期間掲示したり，場合によっては問題個所について共通理解，確認したりする場を設けるなど組織的に対応しなければならない。

点検表の作成ポイントは，以下の通りである。

1）教科時における安全点検表の例

①体育科で使用する施設，用具（運動場，体育館，プール，鉄棒，サッカーゴール，砂場，固定遊具等）

②図工科で使用する施設
　　　③家庭科で使用する施設
　２）教科以外における安全点検表の例
　　　①普通教室，廊下，トイレ，水道周辺
　　　②防災関連施設，器具，備品の点検，確認
　　　③外壁，内壁，窓ガラス，扉等の点検，確認
　　　④机，いすの天板や座面のはがれや劣化の点検，確認

【引用・参考文献】
1)保育と表現　嵯峨野書院，2015年，第2章　保育・教育と子どもの発達　pp.8-14，石上浩美編著　矢野正・吉井英博
2)幼児体育　第4版　大学教育出版，2014年，pp.46-48，日本幼児体育学会編

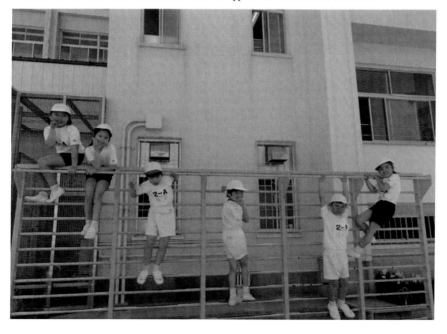

・・・第6章・・・
体育における評価規準と評価基準

第1節　学習評価の考え方

　学習評価を行うためにはまず指導計画を作成しなければならない。指導計画とは，「年間計画（内容編成の計画）」，「単元計画（授業の展開計画）」，「単位時間計画」のことである。

　学習指導要領改訂によって指導できる内容が拡大された。つまり，1年毎ではなく，2年間を一括りとして捉えることができるようになった。また，運動領域比率が例示されていないため，各学校の実情によって運動領域比率を決定できるようになった。

　こうした各学校の体育教育の計画，目標をどのような過程で，どのように達成したのかを客観的に判断するものとして学習評価がある。

　学習評価の機能を果たすためには，目標に準拠した評価（絶対評価）の重視，児童一人ひとりの良さや可能性などに目を向けた個人内評価，評価の工夫（適切な評価，場面，時期など），児童および保護者への説明（通知表や懇談など）が必要になる。これらの点が達成されたときに「指導と評価の一体化」が図られたことになるのである。

（1）　学習評価

　学習評価には二つのねらいがある。一つ目は，子ども一人ひとりが何をどのようにできたのか（技能），わかったのか（知識・理解）を客観的に判断することである。二つ目は，子どもの学習と教師の学習指導の改善に

生かすことである。そのためには，いくつかのポイントがある。学校における評価には，「絶対評価」と「相対評価」がある。

「絶対評価」とは，子ども一人ひとりがどの程度のレベルに達しているかを個別に評価するものである。例えば，テストで80点以上がA，70点から79点までをBとしたものである。

それに対して「相対評価」は，学年や学級において例えば全体の中からAを20％，Bを50％というようにあらかじめ決まった比率で評価したものをいう。

小学校体育に限らず学習評価において必ずおさえておきたい用語として，「評価観点」「評価規準」「評価基準」があげられる。

評価をする際に，教師がすべての学習活動について評価をすることは現実問題として大変難しい。そのため，教師はどのような視点で学習状況を判断するのか決める。これが，評価の観点である。一般的に小学校体育での評価の観点は，運動への関心・意欲・態度，運動についての思考・判断，運動の技能に分けられる。この3観点は各領域，指導目標に先述したようにおもに3段階（A・B・C）で評価していく。

また，その評価を細目化し，より具体化した行動を質的に記述したもの（指標）が評価規準である。さらに，子どもの学びの質を量的にレベル分けしたものが評価基準である。

（2）評価規準

評価規準（criteria）は，児童生徒の資質や能力の質的な面を具体化した用語である。そこで，評価を行う場合，何を，どのようにといった観点で「ものさし」に例えると考えやすい。

また，評価規準（俗に「ノリジュン」とよばれる）は，ものさしに例えるとものさしの種類である。評価規準は，客観性および信頼性が重要にな

る。

　例えば，器械運動の鉄棒運動で技能を評価する場合，

　・逆上がりができる　など。

（3）評価基準

　　評価基準（standard）は，児童生徒の評価規準の達成度合いを判断するための設定値である。

　　評価基準（俗に「モトジュン」とよばれる）は，ものさしに例えると目盛りである。

　　例えば，器械運動の鉄棒運動で技能を評価する場合，

・補助板を使って逆上がりができる。

・補助板を使わずに逆上がりができる。

・補助板を使っても逆上がりができない。

第2節　評価規準の設定

　評価規準は，次の手順で設定するとよい。

（1）単元内容を観点別に整理する

　　原則として，「おおむね満足できる状況：B 規準」として設定する。

　　観点別とは，「関心・意欲・態度」，「思考・判断」，「技能」のことである。

（2）観点別に評価規準の具体例を設定する

　　「関心・意欲・態度」は，協力，公正，責任，安全にかかわることを，「思考・判断」については，○○ができるように〜を考えている，知っている，決めている，といったことがあげられる。「技能」は，○○することができる，となる。

（3）評価規準を設定する

最終段階として設定した単元について評価規準を特化させる。

先述の具体例をさらに具体化させる。また，指導と評価の計画をまとめておくとよい。その際，以下のようにまとめておくと学習指導の状況に応じて適切かつ正確に評価することができる。

観点 評価	関心・意欲・態度		思考・判断		技能	
学習の準備状況の評価	具体例		評価			
学習過程の評価						
まとめの評価						

評価規準：A規準　十分に満足できる

B規準　おおむね満足できる

C規準　努力を要する（B規準に達していない）

第3節　評価上の注意事項

教師の評価は，評価規準と評価基準が一体化して初めて可能となる。評価基準の設定は，単に指導要録のためにあるのではない。もし，全員がA評価であったり，C評価の児童が極端に多かったりしたときのように，ある評価結果が著しく偏ってしまったとき，評価観点や

評価規準が適切でない場合もあるが，その多くは評価基準の設定を誤っている。

　また，評価規準は子どもの学習の様子や進度を加味しながら適切に評価できるものでなくてはならない。あくまでも可変的なものとして扱うべきである。

第4節　評価規準の具体例

　各単元および領域において，観点別の評価規準と具体例を次の通りである。

（1）体つくり運動の観点別評価規準の例

運動への関心・意欲・態度	運動についての思考・判断	運動の技能
自分の体に関心をもち，体ほぐしの運動や体力を高める運動に進んで取り組もうとする。また，互いに協力し，安全に気をつけて運動をしようとする。	体ほぐしの行い方や体力の高め方を考えたり，自己の体や体力の状態に応じて，その行い方を工夫したりしている。また，ねらいをもってそれにふさわしい運動を工夫している。	体力を高める運動のねらいに合った動き（動作）ができる。

　　　　　↓　　　　　　　　　↓　　　　　　　　　↓

①体ほぐし運動の単元の観点別評価規準の具体例

運動への関心・意欲・態度	運動についての思考・判断	運動の技能

・体を動かす楽しさや心地よさをわかってすすんで取り組もうとする。 ・運動のねらいが達成できるように，互いの体の状態に気づこうとする。 ・互いに励まし合ったり，力を合わせたりしてみんなで運動しようとする。 ・計画的に体力を高めていくよさをわかって進んで取り組もうとする。	・自分の友だちの体の様子に気づき，体の状態を考えながら運動する。 ・体ほぐしの運動のよさがわかり，ねらいに合った運動の仕方をしようとする。 ・手軽な運動や律動的な運動が体ほぐしのねらいにどのように役立つかを考えたり，自己の体の状態に合わせた体ほぐしの行い方を考えたりしている。 ・ねらいに合った運動をえらんでいる。	

②体力を高める運動の単元の観点別評価規準具体例

運動への関心・意欲・態度	運動についての思考・判断	運動の技能
・計画的に体力を高めていくよさをわかって進んで取り組もうとする。	・ねらいに合った運動を選んでいる。 ・意図的，計画的に行う運動が，体の柔ら	・体の柔らかさや巧みな動き，力強い動きや動きを持続する能力を高める運動ができる。

・運動のねらいが達成できるように，互いの体の状態に気づこうとしたり，計測・記録などの役割を分担しようとしたりする。 ・互いに励まし合ったり，力を合わせたりしてみんなで運動しようとする。 ・運動する場や用具などの安全に気をつけようとする。	かさや巧みな動き，力強い動きや動きを持続する能力を高めることに役立つことを知っている。	

（2）マット運動の観点別評価規準の例

運動への関心・意欲・態度	運動についての思考・判断	運動の技能
器械運動の楽しさや喜びを求めて進んで取り組もうとする。また，互いに協力して運動をしたり，器械・器具の安全な使い方に注意して運動をしたりしようとする。	自分の力に合った課題の解決を目指して，練習の仕方を工夫している。	マット運動，鉄棒運動，跳び箱運動の特性に応じた技能を身に付けている。
↓	↓	↓

マット運動の単元の観点別評価規準の具体例

運動への関心・意欲・態度	運動についての思考・判断	運動の技能
・自分の力に合った課題をもってすすんで取り組み，マット運動の楽しさや喜びを味わおうとする。 ・友だちと協力してマット運動をしたり器械，器具の準備や後片付けをしたりしようとする。 ・約束を守って，安全にマット運動をしようとする。	・自分や仲間の力に合った技を選べている。 ・学習カードや補助具を活用するなどして，練習の場を選べている。 ・技のポイントや課題について考え，自分や友だちのめあてがもてている。	・自分や友だちに合った今できる技を選び，集団としての取り組みや新しい技に挑戦することができる。

【引用・参考文献】

1)文部科学省　学校体育実技指導資料　第10集『器械運動指導の手引』p.40

2)池田延行・村田芳子編『体育科の授業と評価5年』教育出版，2002年，pp.29-31

3)同上，p.49

4)池田延行・村田芳子編『体育科の授業と評価6年』教育出版，2002年，p.51

5)同上，p.55

6)田中智志・橋本美保『教育課程論』一藝社，2013年，pp.167-168

・・・第7章・・・
子どもの安全

第1節　学校安全とは

（1）安全とは

　文部科学省によると，安全とは，「人とその共同体への損傷，ならびに人，組織，公共の所有物（無形のものも含む）に損害がないと客観的に判断されること」とある。

（2）学校安全の定義

　学校安全とは，学校保健，学校給食とともに学校健康教育の三領域の一つであり，それぞれが独自の機能を担いつつ，相互に関連を図りながら，児童生徒の健康の保持増進を図っている。また，課題によっては，生徒指導，情報モラルの育成などとの連携も必要となる。

　学校安全の活動は，①児童生徒が自らの行動や外部環境に存在する様々な危険を制御して，自ら安全に行動したり，他の人や社会の安全のために貢献したりできるようにすることを目指す安全教育，②児童生徒を取り巻く環境を安全に整えることを目指す安全管理，③両者の活動を円滑に進めるための組織活動，という三つの主要な活動から構成されている。

　その際，安全教育と安全管理は学校の両輪とされ，相互に関連付けて行う必要がある。また，校内組織，家庭・地域社会と連携を図る組織などの関連付けも図るべきである。

（3）安全教育

　安全教育には，安全に関する基礎的・基本的事項を系統的に理解し，思考力，判断力を高めることによって安全について適切な意思決定ができるようにすることをねらいとする「安全学習」の側面と，当面している，あるいは近い将来当面するであろう安全に関する問題を中心に取り上げ，安全の保持増進に関するより実践的な能力や態度，さらに望ましい習慣の形成を目指して行う「安全指導」の側面があり，相互の関連を図りながら，計画的，継続的に行われるものである。このことを，教育課程の領域に即して考えてみると，主として，前者は小学校体育科（保健領域）を中心として，生活科，社会科，理科などの関連した内容のある教科や道徳，総合的な学習の時間などで取り扱う。後者は，特別活動の時間や学校行事・課外活動などで取り上げられることが多い。

　なお，道徳教育は，生命の尊重をはじめ，きまりの遵守，公徳心，公共心など，安全な生活を営むために必要な基本的な内容の指導を行うこととされており，安全にとって望ましい道徳的態度の形成という観点から，安全学習および安全指導双方の基盤としての意義をもつことができる。

　安全教育を行う場合には，児童生徒等が安全に関する問題について，興味・関心をもって積極的に学習に取り組み，思考力・判断力を身に付け，安全について適切な意思決定や行動選択ができるように工夫する。例えば，危険予測の演習，視聴覚機材や資料の活用，地域や校内の安全マップづくり，学外の専門家による指導，避難訓練や応急手当のような実習，誘拐や傷害などの犯罪から身を守るためにロールプレイングを導入することが効果的である。さらには，周囲の人々の安全，家庭，地域など社会の安全に貢献できるような資質や能力を養うため，学校，家庭および地域社会の安全活動に参加・協力する体験等も効果的である。

（4）安全管理

　学校における安全管理は，事故の要因となる学校環境や児童生徒の学校生活等における行動の危険を早期に発見し，それらの危険を速やかに除去するとともに，万が一，事件や事故，災害が発生した場合には，適切な応急手当や安全措置ができるような体制を確立して，児童生徒等の安全の確保を図ることを目指して行われるものである。

　安全管理は，①児童生徒等の心身状態の管理および様々な生活や行動の管理からなる対人管理，②学校の環境の管理である対物管理，から構成されている。

　安全管理は，教職員が中心となって行われるものであるが，安全に配慮しつつ，児童生徒等が危険な状況を知らせたり簡単な安全点検にかかわったりするなど，児童生徒等に関与，参画させることは，安全教育の視点からも重要であると考えられる。

（5）学校安全の3領域

　学校安全の領域としては「生活安全」「交通安全」「災害（防災）安全」の三つの領域があげられる。

　「生活安全」では，日常生活で起こる事件・事故災害を取り扱い，児童生徒が不審者により危害を加えられる事件も少なくないことから，誘拐や傷害などの犯罪被害防止も重要となる。

　「交通安全」には，様々な交通場面における危険と安全が含まれる。

　「災害（防災）安全」には，地震，津波などがあげられる。風水（雪）害，火山活動のような自然災害はもちろん，火災や原子力災害も含まれる。

　なお，学校給食における食中毒，薬物乱用，違法・有害サイトを通じた犯罪，児童生徒間暴力の防止や解決および学校環境の衛生等については，学校給食，学校保健，生徒指導等の関連領域で取り扱うことが適切である

と考えられる。

(6) 組織活動

　安全教育や安全管理は，内容，対象となる場，行われる機会などが多様であることから，安全教育と安全管理を効果的に進めるためには，学校の教職員の研修，児童生徒等を含めた校内の協力体制や家庭および地域社会との密接な連携を深めながら，学校安全に関する組織活動を円滑に進めることが極めて重要である（図1）。

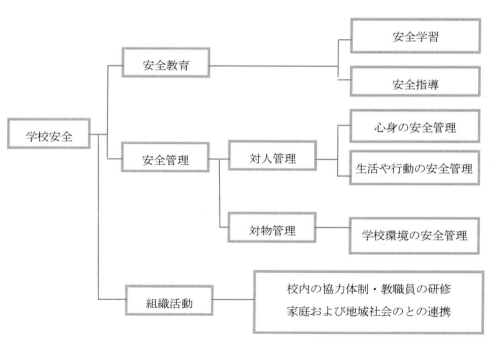

図1　学校安全の構造図

第2節　学校における体育活動中の安全

　学校における安全を確保することは，教育活動を行う上で最重要事項である。小学校学習指導要領において，「けがの防止について理解するとともに，けがなどの簡単な手当てができるようにする」ことが，体育科の目標とされていることからも体育活動中は安全に配慮する態度の育成や安全に関する知識・技能の習得も重要である。

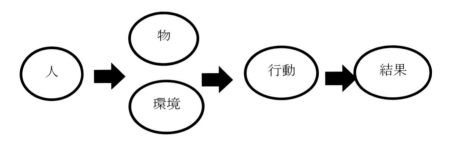

図2　安全モデル（円滑モデル）

（1）安全に活動するために

　楽しく安全に授業をする上で基本となる要因は，人・物・環境・行動・結果である（図2）。これを学校における体育授業に置き換えると，人は教師または児童生徒，物は教具や器具（跳び箱やバット，ボールなど），環境は活動時の場所のことである。万が一，問題が起こったとき（結果）に至るまでの主要因をはっきりさせることができる。逆にいうと，これらの要因に注意を払うことで事故を未然に防ぐことができる（図3）。

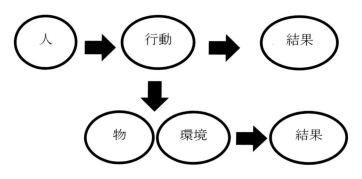

図3　安全モデル（問題モデル）

（2）危機管理の概念

　一般的に学校危機管理（School Crisis Management）は，予見，予防，回避，対応が基本となる。その中で，予見，予防をリスクマネジメント，回避，対応をクライシスマネジメントという。

　また，現場の潜在的な危険性または有害性を見つけ出しこれを低減，除去するための手法のことをリスクアセスメントという。

　安全のために様々な手立てを講じることは当然のことであるが，その際に知っておきたいのは，「人はミスをする行動特性を持っている」ということである。

　人間の行動特性（ヒューマンファクター）には，錯誤（錯覚），不注意（うっかり，ぼんやり），近道行為，省略行為がある。この行動特性によってミスや不注意が原因で事故を発生させてしまったとき，これをヒューマンエラーという。

第3節　体育科授業での取り組み

　前述のように学習指導要領では，「けがの防止について理解するとともに，けがなどの簡単な手当てができるようにする」ことが，体育科の目標

とされている。ここでは簡単な応急処置の方法や新たに取り組みたい内容を列挙する。

（1）けがの処置

　児童の受傷で多いのが，捻挫，突き指，打撲，切り傷である。そういった場合，RICE 処置が基本的な処置の方法となる。RICE 処置とは，Rest（安静），Ice（冷却），Compression（圧迫），Elevation（拳上）の頭文字をとったものである。

（2）熱中症

　近年，熱中症予防に対する取り組みが広く行われ，一般にも認知されてきているが，万が一熱中症の症状を確認した場合は，次のように対処する。
　　・医療機関に連絡する。
　　・日陰に移動する。
　　・衣服を脱がせ熱を逃がせる。
　　・皮膚に水をかけたり，うちわ等であおいだりして体温を下げる。
　　・水分補給をさせる。

（3）水難事故

　水による事故を防ぐために，水泳の授業で近年着衣泳が行われ一定の成果をあげている。そこで，日本だけではなく世界でも広がりをみせているのが，『浮いて待て（UITEMATE）』である。
　万が一，溺れた場合，
　・大きく息を吸って肺に空気をため，あごを少し引いて背浮きの
　　状態になる（呼吸は素早く行う）。
　・腕（手のひらは水面の下），脚は少し開き自然体になる。

・靴やサンダルは浮力体になるので脱がない。
・声をかけられても返事はしない。(声を出すと肺の空気が抜けるため)

(4) BLS（心肺蘇生法）教育

　BLS とは，Basic Life Support の略であり，一般的には一次救命処置のことである。学習指導要領の改訂にともない，学校教育にも段階的に取り入れられた。小学校高学年においては，BLS 教育を学習する能力が高く心肺蘇生法の実践も十分な効果が認められている。

　今までは，小学生に対して倒れた人を見つけたら，大人をすぐに呼びに行くことが求められていた。しかし，ドリンカー曲線にあるように呼吸停止時間と生存可能性の関係から考えると一秒でも早い蘇生処置が施される必要がある。

　「生命の大切さ」を教える，体感する観点からも BLS 教育のさらなる普及が必要である。

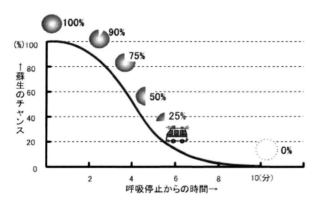

図4　ドリンカー曲線

【引用・参考文献】

文部科学省『学校における体育活動中の事故防止について（報告書）』2012 年 7 月

・・・第8章・・・
体つくり運動

　本来，「体操」領域として扱われていたが学習指導要領の改訂にともない「体つくり運動」と名称を改めた。この背景には，近年の子どもの心身をめぐるさまざまな問題に起因している。たとえば，子どもの「サンマ」の問題があげられる。

　「サンマ」とは，遊ぶ時間，遊ぶ空間，遊ぶ仲間の３つの間（ま）のことで，現代の子どもたちの生活から消失したといわれている。こうした子どもたちの生活を取り巻く急速な変化は，子どもたちの体力や運動能力とともにコミュニケーション力の低下もまねいている。

　心身のバランスがとれず，学校や地域において「困っている子」や「孤立している子」の心と体をどのように解きほぐしていくのかが学校体育，社会体育における課題といわれている。

　そこで，体育の授業でそういった諸課題をできる限り解消することをひとつのねらいとしている。それと同時に「体つくり運動」は，自分の体力を見つめ直し，他と関わる運動でもある。

　より速く，より遠く，より巧みにといった技能を重視した運動とは一線を画す側面もある。

第1節　体つくり運動とは

　体つくり運動は，心身の関係に気づくこと，体の調子をととのえること，仲間と交流することなどを目的として体をほぐしたり，体力を高めたりす

る運動である。

表1　体つくり運動の内容とその取扱い

【学び方の内容】自己の体力や体の状態に応じて，体ほぐしの行い方や体力の高め方を工夫することができるようにする。						
内　容	1 年	2 年	3 年	4 年	5 年	6 年
体ほぐしの運動	○	○	○	○	○	○
多様な動きをつくる運動遊び ・体のバランスをとる運動遊び ・体を移動する運動遊び ・用具を操作する運動遊び ・力試しの運動遊び	△	△				
多様な動きをつくる運動 ・体のバランスをとる運動 ・体を移動する運動 ・用具を操作する運動 ・力試しの運動 ・基本的な動きを組み合わせる運動			△	△		
体力を高める運動 ・体の柔らかさおよび巧みな動きを高めるための運動 ・力強い動きおよび動きを持続する能力を高めるための運動					△	△

○印は，その学年で必ず実施する。

△印は，いずれかの学年で分けて指導することができる。

（1）体つくり運動の構成

　「体つくり運動」は，小学校低学年では「基本の運動（あそび）・ゲーム」に位置付けられている。従前に行われていた集団としての行動の指導（いわゆる集団行動）はここに含まれることとなった。

　高学年の「体つくり運動」は，「体ほぐしの運動」と「体力を高める運動」に分けられる（表1）。

（2）体ほぐし運動のねらい

　改訂された学習指導要領の解説によると，体つくり運動は，「いろいろな運動や律動的な運動を行い，体を動かす楽しさや心地よさを味わうことによって，自分や仲間の体の状態に気づき，体の調子を整えたり，仲間と交流したりする運動である」とある。つまり，「体への気づき」「体の調整」「仲間との交流」がねらいであり，相互に関連し合って具体的な内容や活動が行われるものである（表2）。

第2節　体つくり運動の指導のポイント
（1）気づきを促す言葉がけ

　指導の場面では，みんなが気軽に取り組める体ほぐしの運動に楽しく取り組めるようにするとともに，運動したときの気持ちを言葉で引き出したり，みんなで確かめ合ったりすることが大切である。

　例えば，楽しく動いて息がはずんだり，汗をかいたりしたときに「動いて汗をかくとどんな気持ちになりましたか」などと動いたときの気持ちを聞き出すことができる。

　言葉で気持ちが引き出させないときは，「みんなでいっしょに動くと，もっと楽しくなるね」「体を動かすとみんなが笑顔だね」などの言葉を引き出すようにすることが大切である。

表2　体つくり運動のねらい

	低学年	中学年	高学年
体への気づき	体を動かすと気持ちがよいことや，力いっぱい動くと汗が出たり心臓の鼓動が激しくなったりすることなどに気づくことである。	体を動かすと心もはずむことや，体の力を抜くと気持ちがよいことなどに気づくことである。	運動すると心が軽くなったり，体の力を抜くとリラックスできたりすることなど，心と体が関係し合っていることなどに気づくことである。
体の調整	運動を通して，日常生活での身のこなしや体への調子を整えるとともに，心の状態を軽やかにすることである。		運動を通して，日常生活での身のこなしや体への調子を整えるとともに，心の状態を軽やかにし，ストレスを軽減したりすることである。
仲間との交流	誰とでも仲よく，協力したり助け合ったりし，体を動かす楽しさが増すことを体験することである。	誰とでも仲よく，協力したり助け合ったりしてさまざまな運動をすると，楽しさが増すことを体験することである。	運動を通して仲間と豊かにかかわる楽しさを体験し，さらには仲間のよさを認め合うことができることである。

また，体に力を入れるばかりではなく，力を抜くという経験をさせて，「体の力を抜くと気持ちがいいね」ということに気付くようにする方法もある。

（２）多様な動きをつくる運動（遊び）とのかかわり
　　　対象学年に応じた運動の仕方を工夫することも大切である。行い方の例として，次のことが示されている。
- のびのびとした動作で用具などを用いた運動を行う。【用具】
- リズムに乗って心がはずむような動作が運動を行う。【リズム】
- リラックスしながらペアでのストレッチングを行う。【ペア】
- 動作や人数などの条件を変えて，歩いたり走ったりする運動を行う。【歩いたり走ったり】
- 伝承遊びや集団による運動遊びを行う。【集団遊び】

（３）体つくり運動の実践例
　ここでは，実践を紹介する。児童や学級の実態にあわせて実践してほしい。

動いちゃだめよ①（手のひらを押し合い，相手のバランスを崩す）

動いちゃだめよ②（蹲踞(そんきょ)の姿勢で相手のバランスを崩す）

動いちゃだめよ③（うつ伏せになった相手を時間内に仰向けにする）

バランスゲーム(腕立て伏せの姿勢から相手の腕を掴んだり,払ったりして相手を崩す)

体幹トレーニング（2〜3人組で行う。左右からボールを転がしてもらい，中央にいる児童はうつ伏せで待ちながら，腕立て伏せの姿勢などで転がってくるボールを避ける）

　このように二人組や数人のグループ，集団で行ったり，ボールやなわとびなどの用具を使ったりしながら楽しめる時間と空間，仲間（相手）をつくっていくことが重要である。

【引用・参考文献】
文部科学省　学校体育実技指導資料　第7集「体つくり運動」改訂版　p.40
矢野正・吉井英博「小学校体育科指導法」三恵社　pp.61-68

···第9章···

器械運動

第1節　器械運動の特性

　器械運動は，器械の特性に応じて多くの技がある。器械運動で学習する技は，逆さになる，ぶら下がる，回転するなど日常生活運動（歩，走，跳，投，押，引など）からかけ離れた非有用性の運動である。

　そのため，日常生活運動で体験できない複雑な姿勢の変化や移動，それに伴う多様な運動感覚を体験することができる。

　器械運動で高まる体力については，技が「できる」ことを目指して動き方を身に付けるために繰り返し学習しなければならない。また，単に「できる」から「よりよい動き」へと習熟を高めるには，動き方を確認しながら反復的に学習する必要がある。このことから，学習した成果として柔軟性や筋力，調整力などの体力をより高めることができる。

第2節　器械運動の理論
（1）学習指導要領改訂のねらい

　小学校から高等学校までを見通した体系化

　改訂された学習指導要領において体育分野（小学校運動領域，中学校体育分野，高等学校科目体育）では，生涯にわたって豊かなスポーツライフの実現に向けて，小学校から高等学校までの12年間を見通した指導内容の改善が図られた。

　従前の学習指導要領で「基本の運動」の「内容」として示されていたも

のが「領域」として示された。

（2）「器械運動系」領域の学習について

　器械運動は，「マット運動」「鉄棒運動」「平均台運動」「跳び箱運動」で構成されている。これらの内容はそれぞれが全く別々に存在しているのではなく，逆さや回転，バランス等といった感覚は共通していることから，互いに密接に関わり合っている。また，器械や器具の特性に応じてさまざまな技があり，これらの技に挑戦することでできる楽しさや達成感を味わうことができる運動である。

　技の特性から「できる」「できない」が二極化するため，すべての児童に「できる」喜びを味わわせることが指導者の大きなねらいになる。すなわち，器械運動は，技が「できる」ことをねらいにして，動き方の工夫や感覚がわかっていくことを楽しみながら技を身に付け覚えていく。そこに運動学習としての大きな意味と価値がある。

　「技能」は，子ども一人ひとりの能力や課題に応じて，どの技を目標に学習を進めていくのかを明確にすることで，技が「できる」ようにしていく。「態度」は，自分と友だちの動きのちがいなどを互いに教え合ったり，協力し合ったり，安全に配慮することができるようにしていく。

（3）器械運動の用語

　器械運動は，多種多様な身体の動きや複雑な技から成り立っている。そのため，学校の現場では「用語」の使われ方に混乱がみられることが少なくない。

　ここでは用語を統一し，指導の一助としてほしい。参考資料として後掲する。

第3節　器械運動の指導体系

　器械運動の技は,「系」「技群」「グループ」という視点によって分類される。「系」とは各種目の特性を踏まえて技の運動課題の視点から大きく分類したものである。「技群」とは類似の運動課題や運動技能の視点から分類したものである。「グループ」とは運動の方向や経過, さらには技の系統性や発展性も考慮して分類したものである。

　以後, 技の系統を図で示したい。

（1）マット運動

　マット運動の技は, 大きく回転系と巧技系に分かれ, 回転系では接転技群と翻転技群, 巧技系では平均立ち技群に分けられる。
①接転技群（背中やマットに接して回転する）（図1）

図1 マット運動（接転技群）

```
┌──────┐   ┌──────┐   ┌──────┐
│ 丸太  │→ │ 横    │→ │ 側転  │
│ 転がり │   │ 転がり │   │      │
└──────┘   └──────┘   └──────┘
```

┌────────────────────────────┐
│ 首支持から腰の屈伸動作をして倒立 │
└────────────────────────────┘
                              ↓

```
┌──────┐  ┌──────┐  ┌──────┐  ┌──────┐  ┌──────┐  ┌──────┐
│ゆりか │→│ 後ろ  │→│ 後転  │→│ 開脚  │→│ 伸膝  │→│ 後転  │
│ ご   │  │ 転がり │  │      │  │ 後転  │  │ 後転  │  │ 倒立  │
└──────┘  └──────┘  └──────┘  └──────┘  └──────┘  └──────┘
```

```
          ┌──────┐   ┌──────┐      ┌──────┐ → ┌──────┐
          │大きな │   │大きな │      │台上   │   │跳び   │
          │ゆりか │→ │前転   │ →   │前転   │   │前転   │
          │ ご   │   │      │      ├──────┤   └──────┘
  ┌──────┐└──────┘   └──────┘      │跳び   │
  │背支持 │                          │込み前 │
  │倒立   │                          │転     │
  └──────┘                          └──────┘
```

```
┌──────┐   ┌──────┐   ┌──────┐   ┌──────┐
│前転が │→ │前転   │→ │開脚   │ → │伸膝   │
│ り   │   │      │   │前転   │   │前転   │
└──────┘   └──────┘   └──────┘   └──────┘
```

```
┌──────┐   ┌──────┐   ┌──────┐   ┌──────┐
│かえる │   │補助   │   │倒立   │   │倒立   │
│の足う │ → │倒立   │ → │前転   │ → │伸膝前 │
│ ち   │   │      │   │      │   │転     │
└──────┘   └──────┘   └──────┘   └──────┘
```

```
┌──────┐
│壁登り │
│逆立ち │
└──────┘
```

②翻転技群（手や足の支えで回転する）（図2）

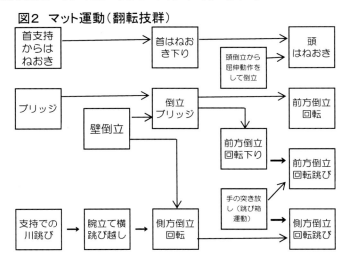

③平均立ち技群（バランスをとりながら静止する）（図3）

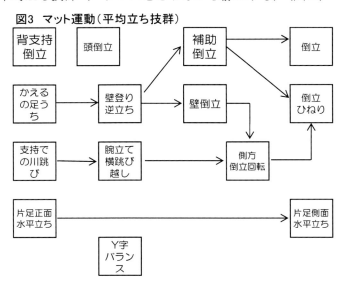

（2）鉄棒運動

　鉄棒運動の技は，上がり技，支持回転技，下り技，懸垂技（ぶら下がり）に分けられる。

①上がり技（立った姿勢や膝掛け等の姿勢から鉄棒に上がる技）（図4）

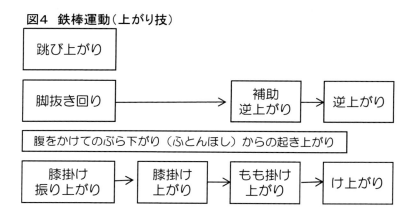

②支持回転技（鉄棒を支持しながら多様な方向に回転する技）（図５）

図5　鉄棒運動（支持回転技）

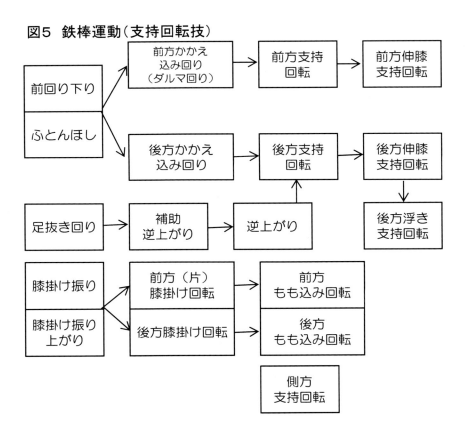

③下り技（支持から前方や後方に回転したり，振動したりする技）（図６）

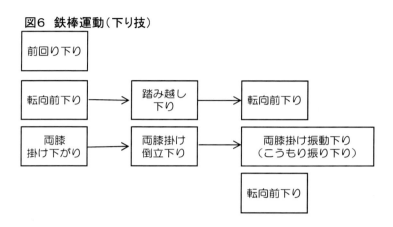

④懸垂技・ぶら下がり（両手で鉄棒を握ってぶら下がったり，両手や両膝等を鉄棒に掛けてぶら下がったりする運動）（図７）

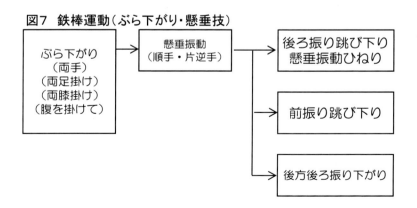

（3）平均台運動
　平均台運動の技は，大きく体操系とバランス系に分かれ，体操系では歩走グループと跳躍グループ，バランス系ではポーズグループとターングループに分けられる。
①体操系　　（図8）

図8　平均台運動（体操系）

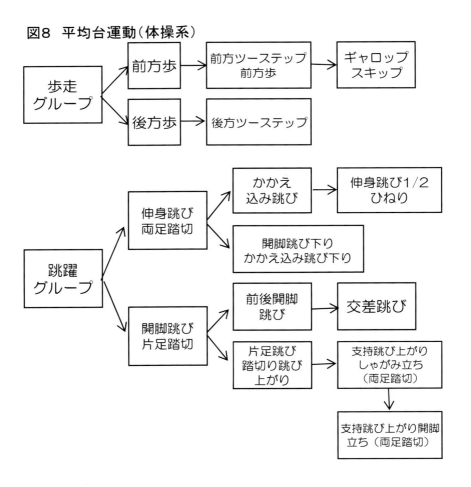

②バランス系　（図9）

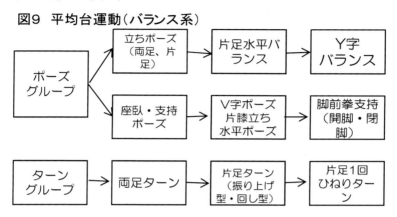

（4）跳び箱運動
　跳び箱運動の技は，切り返し系，回転系に分けられる。
①切り返し系　（図10）

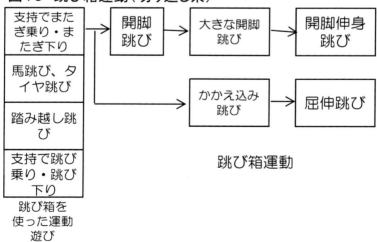

②回転系 （図11）

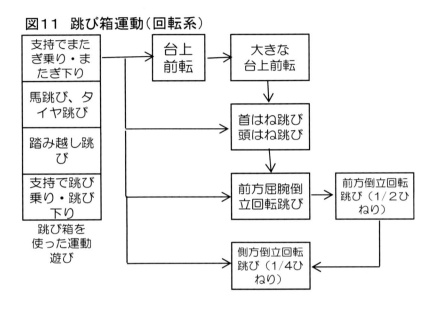

図11 跳び箱運動（回転系）

跳び箱運動

第4節　器械運動の指導の工夫（実践例）
（1）マット運動の指導の工夫
1）前転が苦手な児童に対するマットの工夫

頭部が収まる幅に柔らかいマットを設置し，頭部のぐらつきを防ぐ

2）後転が苦手な児童に対するマットの工夫

頭部が収まる幅に柔らかいマットを設置し，頭部のぐらつきを防ぐ

坂道マットを利用して，勢いをつけさせ回転する

（2）跳び箱運動の指導の工夫

かえるの足うちで臀部を上げる練習をする

両足ジャンプの練習および着地の練習をする

1) 開脚跳びが苦手児童に対する跳び箱の工夫

苦手な児童には踏切位置を高くし，跳ばせてみる

2）台上前転が苦手な児童に対する跳び箱の工夫

高さのあるセーフティマットの上に前転する

（3）鉄棒運動の指導の工夫

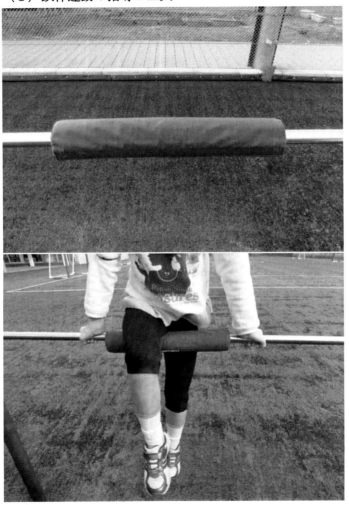

　カバーや鉄棒と体を固定するベルト，鉄棒の下にマットを設置するなど回転時，落下時の不安を取り除くための工夫をする

（4）平均台の指導の工夫

バランス系

移動系（二人で互いに交差する）

移動系（その場で反転する）

【引用・参考文献】

1) 文部科学省　学校体育実技指導資料　第 10 集「器械運動」　pp. 4-5

2) 同上　pp. 126-127

3) 同上　pp. 134-135

4) 同上　p. 141

5) 同上　p. 149

6) 高橋建夫・三木四郎・長野淳次郎・三上肇『器械運動の授業づくり』大修館書店, 1992 年,
　　pp. 1-7

7) 佐伯優斗(2017)「体育科学習における「学び合い」の教育実践：共に成長する子どもの育
　　成を目指して」名古屋経済大学大学院平成 28 年度修士論文

8) 矢野正・佐伯優斗(2018)「友達の良さを見つけ伝え合いながら共に成長する子どもの育
　　成：小学 3 年生体育科「忍者屋敷でクルリンパ！」の実践を通して」実践学校教育研
　　究　第 20 号　pp. 55-62

参考資料　「器械運動」の用語

（1）基本用語編

キーワード	解説
基本的な技	各種目の系の技の中で基本的な運動課題をもつ技のこと。
発展技	系、群、グループの基本的な技から発展した技のこと。
滑らかに行う	その技に求められる動きが途切れずに一連の動きとして続けられること。
条件を変えた技	同じ技でも、開始姿勢や終末姿勢を変えて行う、その技の前や後に動きを組み合わせて行う、手の着き方握り方を変えて行うこと。

	組み合わせる	基本的な技、条件を変えた技、発展技の中から、いくつかの技を「はじめ-なか-おわり」に組み合わせて行うこと。

（2）マット運動編

	用語	解説
方向と回転	前方	直立した状態を基準にして体の前面の方向に運動を行う場合
	後方	直立した状態を基準にして体の後面の方向に運動を行う場合
	側方	直立した状態を基準にして体の左右（横）の方向に運動を行う場合
	回転	まわるという意味で、少なくても1回転以上
	左右軸	身体の左右を水平に結んだ仮想の回転軸
	上下軸（長体軸）	身体の左右を垂直に結んだ仮想の軸
	前後軸	身体の前後を水平に結んだ仮想の回転軸
技名	接転技	マット上に頭、背、腰や肩などを順次接触させて転がる技で、前方・後方・側方に分けられる
	翻転技	足→手（頭）→足の順でマットに手を着き回転する技で、伸身体勢で回転する特徴がある
	バランス	片脚立ちを保つ技で、正面、側方、背面、Y字などがあり、倒立も含む
技術	順次接触	マットに体が順に接して転がることで、スムーズに転がるために重要となる

	ホップ	助走から着手動作に入るためのステップ
	頭の前屈	頭部を前に深く曲げると背中が丸くなるため接転技などの指導によく使われる
	頭の後屈	頭部を後ろに曲げると背中が伸び、胸を反らす状態になるので前転跳びや速報倒立回転などの指導によく使われる

（3）跳び箱運動編

	用語	解説
姿勢	開脚	両脚を左右に開いた状態
	かかえ込み	腰・膝を曲げ、胸に膝をかかえ込んだ姿勢
	屈伸	膝を伸ばし、体を前屈させた状態
	伸身	腰・膝を伸ばし、体全体を軽く反らした状態
技	切り返し系	踏み切りから第一空中局面において前方へ左右軸回転した体が、着手後の第二空中局面で後方へ戻るように左右軸回転させるような跳び方 （例：開脚跳び、かかえ込み跳び、屈伸跳び）
	回転系	踏み切りから前方へ左右軸回転をして着手し、さらに同一方向に回転する跳び方の技 （例：前転跳び、側転跳び）
その他	馬尾（手前）	跳び箱上の着手位置で、跳び箱をたて置きしたときの踏切板に近い方
	馬首（前方）	跳び箱上の着手位置で、跳び箱をたて置きしたときの着地側に近い方

（4）平均台運動編

	用語		解説
姿勢	立位		脚を前後に置いた直立姿勢を基本として、片足立ちやつま先立ちがあり、手を横、前、上などにあげる。
	しゃがみ立ち		膝を深く曲げ、腰をかかとの上に乗せて立つ
	中腰立ち		立位としゃがみ立ちの中間姿勢で、膝を軽く曲げて立つ
	座位		台の上に腰をおろして座る
	支持位		腕で支えた姿勢
動き	歩走		前移動、横移動、後ろ移動があり、速度の変化によって、歩・走の区別がされる
	跳躍	小跳躍	ツーステップやスキップのような小刻みにジャンプする運動
		大跳躍	空中で一定のポーズを示すような運動
	振動		腕を前後、左右に振ったり、回旋したりする運動
	波動		体の一部、または全身を波のうねりのように動かす運動
	バランス	ポーズ	両足立ちか片足立ちのいずれかで行われ、膝立ちや伏臥などの状態で行われる
		ターン	両足立ちか片足立ちのいずれかで行われ、伸膝か屈膝かによって変化する。
向き	横向き		平均台の縦に対して体の左右軸が平行になるとき
	縦向き		平均台の縦に対して体の左右軸が直交するとき

（5）鉄棒運動編

	用語	解説
握	握り方	すべての握りは、親指以外の4本の指上からひっかけ、

		親指は下からまわして握るのが一般的に正しい握り方。ただし、手が小さいときなどすべての指をそろえて握ってもよい
	順手	手の甲が上に見えるように、両手の親指を内側にして下から握る握り方
	逆手（さかて）	手のひらが見えるように、両手の小指を内側にして握る握り方
	片逆手（かたさかて）	片方の手を順手で握り、もう片方の手を逆手で握る握り方で逆手になる方の手により右方逆手、左方逆手という
	順手交差	手の甲が上に見えるように、両手の親指を内側にして下から握り、腕を交差させた握り方
	逆手交差	手のひらが見えるように、両手の小指を内側にして握り腕を交差させた握り方
	大逆手（だいさかて）	逆手握りを内側に 180 度回転させた握り方
鉄棒に対する向きと方向	向き	鉄棒に対する体の向きによって、正面、背面、側面（前向き、後ろ向き、横向き）がある
	正面（前向き）	鉄棒に対して体の前面が向いている状態 （例：正面支持、前方支持回転）
	背面（後ろ向き）	鉄棒に対して体の背面が向いている状態 （例：背面支持、背面支持上がり）
	背面（横向き）	鉄棒に対して体の側面が向いている状態 （例：側方支持回転）
	方向	直立したときの身体の向きをもとに前方、後方がある
	前方	体の前面へ運動すること
	後方	体の背面へ運動すること

姿勢	支持	鉄棒上に両手または体の一部で体を支えている状態
	正面支持	腹部の前に鉄棒を置き両手で体を支えている状態
	懸垂	鉄棒に体のある部分をかけてぶら下がった状態
運動	上がり	懸垂から上方向に移動して支持になる技の総称で回転を利用しないで行うものと回転を利用して行うものがある
	おり	懸垂技や支持技から地面に着地する技の総称
	回転	後転や膝かけ回転のように支持から回転して再びもとの指示になる技の総称で回転を利用しないで行うものと回転を利用して行うものがある
技術	予備振動	技を行うための導入動作の一種で、脚を前後に軽く振り込むことで回転エネルギーを高めることができる

・・・第10章・・・

陸上運動

第1節　陸上運動の特性

　陸上運動における走，跳，投は全ての運動，スポーツの基礎基本となる動きである。

　小学校における陸上運動は，走る・跳ぶなどについて，仲間と競い合う楽しさや，調子よく走ったり跳んだりする心地よさを味わうことができ，また，体を巧みに操作しながら走る・跳ぶなどのいろいろな動きを身に付けることを含んでいる運動である。

　走・跳の運動遊びおよび走・跳の運動の学習指導では，走ったり跳んだりする動き自体の面白さ・心地よさを引き出す指導を基本にしながら，どのような力をもった児童においても競走（争）に勝つことができたり，意欲的に運動に取り組むことができたりするように，楽しい活動の仕方や場の工夫をすることが大切である。

第2節　陸上運動の理論

（1）走・跳の運動の考え方

　学習指導要領の改訂で小学校において陸上運動は，低学年では「走・跳の運動遊び」，中学年では「走・跳の運動」，高学年では「陸上運動」となった。

　低学年の「走の運動遊び」は，距離や方向などを決めて走ったり，手でのタッチやバトンをパスする折り返しリレー遊びをしたり，段ボールや輪

などの低い障害物を用いてのリレー遊びをしたりする中で、運動遊びの楽しさ、心地よさを引き出す指導を基本とする。

「跳の運動遊び」では、助走をつけ、片足で踏み切って前方や上方に跳んだり、片足や両足で連続して跳んだりする中で、運動遊びの楽しさ、心地よさを引き出す指導を基本とする。

中学年の「走・跳の運動」では調子よく走ったり、跳んだりする心地よさを味わえるようにすることを大切にしながら、競走（争）の仕方や意欲的に取り組むことができるような楽しい活動を工夫することが重要である。その楽しさが増すように、児童が自分の力に応じた課題をもち、動きを身に付けるための活動や競走（争）の仕方を工夫できるような授業づくりをすることが大切である。

「走の運動（かけっこ・リレー）」では、調子よく走ったりバトンをつないだりする楽しさを大切にしながら、意欲的に取り組むことができるような楽しい活動を工夫することが重要である。また、進んで自分の力に応じた課題をもち、動きを身に付けるための活動や競走の仕方を工夫できるような授業づくりをすることが大切である。

「走の運動（小型ハードル走）」では、小型ハードルをリズムよく走り超えたりする楽しさや心地よさを大切にしながら、競走の仕方や意欲的に取り組むことができるような楽しい活動を工夫することが重要である。また、児童が進んで自分の力に応じた課題をもち、動きを身に付けるための活動や競走の仕方を工夫できるような授業づくりをすることが大切である。

「跳の運動（幅跳び）」では、短い助走から調子よく踏み切って遠くへ跳ぶことの中で、跳ぶ動き自体の楽しさや心地よさを大切にしながら、意欲的に取り組むことができるような楽しい活動を工夫することが重要である。また、児童が進んで自分の力に応じた課題をもち、動きを身に付け

るための活動や競争の仕方を工夫できるような授業づくりをすることが大切である。

短い助走から調子よく踏み切って高く跳ぶことの中で，跳ぶ動き自体の楽しさや心地よさを大切にしながら，意欲的に取り組むことができるような楽しい活動を工夫することが重要である。また，児童が進んで自分の力に応じた課題をもち，動きを身に付けるための活動や競争の仕方を工夫できるような授業づくりをすることが大切である。

高学年の「陸上運動（短距離走・リレー）」では，走る距離やバトンパスなどのルールを定めて競争したり自己（チーム）の記録の伸びや目標とする記録の到達を目指したりする。競走では，できるだけ多くの児童が勝つ機会が与えられるように指導を工夫する必要がある。また，記録を達成する学習活動では，自己の能力に適した課題をもち，運動の行い方を知りながら，記録を高めることができるようにすることが大切である。

「陸上運動（ハードル走）」では，インターバルの距離やハードルの台数を決めるなどのルールを定めて競走したり自己の記録の伸びや目標とする記録の到達を目指したりする。競走では，できるだけ多くの児童が勝つ機会が与えられるように指導を工夫する必要がある。また，記録を達成する学習活動では，自己の能力に適した課題をもち，運動の行い方を知りながら，記録を高めることができるようにすることが大切である。

「陸上運動（走り幅跳び）」では，試技の回数や踏み切りゾーンの設置のルールを定めたり，自己の記録の伸びや目標とする記録の到達を目指したりする。競争では，できるだけ多くの児童が勝つ機会が与えられるように指導を工夫する必要がある。また，記録を達成する学習活動では，自己の能力に適した課題をもち，運動の行い方を知りながら，記録を高めることができるようにすることが大切である。

「陸上運動（走り高跳び）」では，試技の回数やバーの高さの決め方な

107

どのルールを定めて競争したり，自己の記録の伸びや目標とする記録の到達を目指したりする。競争では，できるだけ多くの児童が勝つ機会が与えられるように指導を工夫する必要がある。また，記録を達成する学習活動では，自己の能力に適した課題をもち，運動の行い方を知りながら，記録を高めることができるようにすることが大切である。

第3節　陸上運動の指導の工夫（実践例）
（1）走運動の工夫

上体の力を抜き，目線は下方へおとし，腕ふりは力まず，自然に行う

 スタートの 1 歩目は斜め前方に出すことで上体がすぐに起き上がること防ぐ

（2）リレーの指導の工夫

バトンは立てて渡し，もらう手は後ろではなく，横に出す
（基本は，左手で渡し，右手でもらう）

(3) ハードル運動の指導の工夫

高さへの不安を取り除くため，フープなどを設置し，リズミカルに走らせ，走っているついでに障害を越えているような感覚を持たせる

カラーコーンやハードルを倒して設置するなど，少しずつ高さを変えていく

（4）幅跳びの指導の工夫

踏み切りのイメージをつかむために踏み板やロイター板などで練習する

より遠くへ跳ぶために踏み切り後の高さを出す練習

台やマットを利用した着地の練習(砂場でも可)

（5）高跳びの指導の工夫

高く跳ぶための練習

【引用・参考文献】

文部科学省　小学校学習指導要領「体育編」pp.4-5,pp.126-127,pp.134-135,p.141,p.149 など

・・・第11章・・・
水　泳

第1節　水泳の特性

　水泳は，陸上運動では感じることのできない浮力感や抵抗感など水の特性から様々な感覚を楽しむことができる運動である。また水泳（水中運動）は自律神経に影響を与えることから，健康の保持増進や体力向上などの効果も得られ，老若男女，健常者，障がい児者を問わず，生涯にわたって取り組むことができる運動でもある。

　小学校における水泳は，水の特性を理解し，「水の克服」を楽しむことが基本となる。水泳は泳ぎの経験が少ない者にとっては，不安感や恐怖心を伴う活動である。水に慣れ，浮き，潜り，進み，呼吸する。これらを習得しながら，仲間と競争を楽しんだり，自分の記録や距離に挑戦したり，きれいなフォームで泳ぐことをねらいにするなど，「達成」を楽しむことへと発展させることが大切である。また，水泳の特性で重要な観点は，水の危険から身を守ることである。水辺でのスポーツやレジャー活動に参加する機会も多くなってきていることから，事故や他者の身を守るための視点についても水泳の意義を認識させることが大切である。

第2節　水泳の理論

（1）水泳の考え方

　学習指導要領の改訂で小学校において水泳は，低学年を「水遊び」，中学年を「浮く・泳ぐ運動」，高学年を「水泳」で構成している。

　低学年の「水遊び」は，水の特性（浮力や抵抗など）を感覚的に理解し，水に親しむことやもぐったり浮いたりすることを楽しく行う中で，水中での基本的な動きが身に付くようにする。水につかって水をかけあったり真似っこしたりして遊んだり，電車ごっこやリレー遊びなどをして遊んだりすると水中で体を動かすことに慣れ，楽しさや心地よさを味わうことができる。また，バブリングなどの呼吸の仕方を取り入れたり，全身の力を抜いて浮く心地よさを経験できるようにしたりして，浮いて進む運動遊びにつなげていきたい。壁につかまって水に浮いて楽しんだり，水中ジャンケンやリング拾い，輪くぐりなどで水中にもぐったりしていろいろな遊びを行っていくと自然に浮く・もぐる動作を身に付けることができる。

　中学年の「浮く・泳ぐ運動」では，低学年の「水遊び」で身に付けた水中での運動感覚を「浮いたり」「泳いだり」することに応用していく。その中で，いろいろな浮き方を楽しみ，全身の力を抜いて浮くことができるようにしていく。全身の力を抜き脱力する感覚を身に付けたり（伏し浮きやだるま浮き），一直線に体を伸ばす（けのびなど）ことで，水の抵抗が少なくスムーズに進むことを体感したりする。これは，浮力を感じ，水に対する恐怖感をなくし安心して泳ぎにつなげられるためである。学びのポイントは，遊びの感覚を大切にしながら，仲間との競争や児童の能力にふ

さわしい課題に楽しく取り組めるようにすることである。また，水中を動き回ったり，もぐったり，浮いたりする心地よさを楽しみつつ，児童が「もっとやりたい」という思いになるような授業づくりが大切である。

　高学年の「水泳」では，「クロール」や「平泳ぎ」で心地よく泳いだり，泳ぐ距離を延ばしたりできるようにする。手と足の動きに呼吸を合わせながら，続けて長く泳ぐことができるように，泳ぎのポイントをていねいに指導することが大切である。また，泳ぎにつなげる水中からのスタートを指導するとともに，学校の実態に合わせて「背泳ぎ」を加えて指導することができる。

　「クロール」では，手と足の動きに呼吸（息継ぎ）を合わせながら，続けて長く泳ぐことを目標にする。

　手を交互に前に伸ばして水に入れ，水をかくこと，リズミカルにバタ足をすること，肩のローリングを用いて呼吸をすることを身に付けるようにすることが大切である。

　「平泳ぎ」では，手と足の動きに呼吸（息継ぎ）を合わせながら，続けて長く泳ぐことができるようにする。そのために，両手を前方に伸ばし，円を描くように左右に開き水をかくこと，足の親指を外側に開いて足の裏全体で水を押し出す（葉っぱの形を足で描くように）とともに，キックの後に伸びの姿勢を保つこと，手を左右に開き水をかきながら，顔を前に上げ呼吸するなどを身に付けることが大切である。

（2）水の五大特性

子どもたちは水というある種，特殊な環境で運動を行う。

その水には，陸上では味わうことができない特性がある。

1）水温

体温よりも低い温度の水に入ることで，体温を安定させようと脂肪が燃焼する。また，水温は自律神経に影響し，免疫力を向上させる。最適水温は，28度から32度程度。この状況下で交感神経の動きが促進される。

2）浮力

浮力により，体重は剣状突起部分までの水深で約80％軽減される（腰部付近で約50％）。また，関節の可動域が広がったり，入水しているだけでストレッチ効果が得られたりする。

3）水圧

水圧により呼吸は腹式呼吸になる。また，水中では体にあらゆる方向から圧力がかかり，循環機能を活発にする。

4）抵抗

水深によって負荷は変わる。水には密度があり空気の約800倍となることから，形状や速度を変えれば短時間でも効果的な運動を行うことができる。

5）流れ

水の流れ（流水）を全身に受ける（皮膚振動刺激）ことで多くの神経を刺激することができる。

第3節　安全管理

　プールや水辺での事故発生率は全国的にみても決して低くはない。

　前述のように，水はある種特殊な環境であることから一つ間違え
ば命に関わる大事故につながる。

　プールに限らず，水辺では細心の注意を払わなければならない。

　そのため，どこが危険なのか，どこに死角があるのか，万一事故が発生
したらどういった対応をとるのか，といったことを事前に考えておく必要
がある。

　また，指導する際には十分児童の動向に目を配り，安全に対する
意識をうえつけておかなければならない。

　指導上，留意することはおおむね以下の通りである。

（1）校内（施設面）

　・更衣室

　・水道付近

　・シャワー付近

　・水温，気温，水質の定期的な計測および記録（日誌等に記入）

　・排水溝の確認（プール内，プールサイド）

　・プール底に異物がないか確認

（2）校外

　・活動場所における危険物の除去（浜辺なら石や貝殻など）

- 活動場所における危険個所の確認（必要なら計画の見直しをする）
- 水温，気温の定期的な計測および記録（水温＋気温＝42度以下なら入水しないことを勧める）
- 医療機関，関係機関（警察，消防）等の確認（場所や診察時間，診療科目など）
- 日焼け対策をさせる（帽子，日焼け止め，ラッシュガードなど）
- 海や川，湖などで実施する際は，足元の状況に応じてアクアシューズやサンダルを履かせる。

（3）その他

- 児童の体調確認（自覚症状，起床時の体温など）
- 入水前の身なりの確認（髪の毛，ヘアピン，爪の長さなど）
- 監視体制の強化
- 教職員の共通認識（いつ，どこで，誰が，何をするのかなど）
- 児童の移動は必ず教職員の前を通らせること。
- 緊急時のシミュレーションは必ず児童，教職員共に一度は実施しておく。
- 陸上監視者は浮具を持っておく
- 笛（ホイッスル）は緊急時以外使用しないように努める
- 緊急車両の進入路や搬入路の確認をしておく

第4節　水泳の指導の工夫（実践例）

（1）水に慣れる遊び

まねっこ遊び

水中リレー や電車ごっこ

バブリング・ボビング
バブリング（例：カニさん）

息を吸って，
ぶくぶくと吐く

伏し浮き（全身の力を抜いて）

だるま浮き

ビート板を使った片手クロールの練習

二人組クロール：泳者の手首は脱力できているか確認しながら歩く

　ビート板に乗ってスカーリングをすることで，手で水をつかむ感覚をもたせる。

【引用・参考文献】
1)文部科学省　学校体育実技資料第4集「水泳指導の手引（三訂版）」pp.12-15
2)文部科学省　学校体育実技資料第4集「水泳指導の手引（三訂版）」pp.31-33
3)文部科学省　小学校学習指導要領体育編　p.16
4)山梨学院短期大学　保育科水泳実習講義資料，2016　吉井英博

···第12章···

ゲーム・ボール運動

第1節 「ゲーム及びボール運動」領域の体系化

（1）「ゲーム及びボール運動」領域の考え方

　学習指導要領では,発達の段階に応じた指導を行うことを重視している。小学校のボール運動の領域においては,幅広くボール運動の基礎を培うことを意図した「ゲーム」領域を第1学年から第4学年で取り上げている。また,各型の特性や魅力に応じたゲームを行い,型ごとに共通する技能などを身に付けることを意図した「ボール運動」領域を第5学年,第6学年で取り上げている。

　低学年の「ゲーム」の内容は,児童にとってできるだけ易しい運動（ゲーム）を示すことが楽しい活動につながると考え,「ボールゲーム」と「鬼遊び」を示している。

　中・高学年の「ボール運動」の内容は,種目固有の技能ではなく,それぞれの運動が有する特性や魅力に触れ,攻守の特徴や「型」に共通する動きを系統的に身に付ける視点や中高等学校への系統性を図る視点から内容を整理し,「ゴール型（ゲーム）」「ネット型（ゲーム）」及び「ベースボール型（ゲーム）」で示している。

（2）「ゲーム及びボール運動」領域のねらい

　ボール運動系の領域では,集団対集団でゲームを行うことが特徴である。
　ゲームの学習指導では,仲間と協力してゲームを楽しくするために規則

127

を工夫したり作戦を立てたりすることを重視しながら，ゲームを楽しく行うための簡単な動きを身に付けていくことが大切である。また，公正に行動する態度，特に勝敗の結果をめぐって正しい態度や行動がとれるようにすることも重要である。

　ボール運動の学習指導では，仲間と協力し，役割を分担して練習やゲームに取り組み，型ごとの特性や魅力に応じた技能を身に付けたり，ルールや学習の場を工夫したりすることが大切である。また，ルールやマナーを守り，仲間とゲームの楽しさや喜びを共有することができるようにしなければならない。

　こうしたボール運動系の領域の特性を活かして，指導内容を明確化した上で，6年間を見通した計画を立て，児童一人ひとりにどのような能力を身に付けさせるのか学習計画や評価の観点を工夫しなければならない。

（3）「ゲーム及びボール運動」領域の具体的内容

1）技能

　前述のように「ボール運動」は「ゴール型（ゲーム）」「ネット型（ゲーム）」及び「ベースボール型（ゲーム）」と示されている。ボール運動系の技能では，「ボール操作」および「ボールを持たないときの動き」で構成されている。「ボール操作」はシュート，パス，キープ（ゴール型），サービス，パス，返球（ネット型），打球，捕球，送球（ベースボール型）など，攻防のためにボールを制御することが求められる。

　一方，「ボールを持たないときの動き」は，空間，ボールの落下点や目標地点への移動，味方のサポート，相手のマークなどである。（表1〜表3）

表1 ゴール型

学年	1年生・2年生		3年生・4年生	5年生・6年生
領域 （内容）	ゲーム （ボールゲーム）	ゲーム （鬼遊び）	ゲーム （ゴール型ゲーム）	ボール運動 （ゴール型）
学習指導要領	簡単なボール操作やボールを持たないときの動きによって，的に当てるゲームや攻守のあるゲームをする。	一定の区域で，逃げる，追いかける，陣地を取り合うなどをする。	基本的なボール操作やボールを持たないときの動きで，易しいゲームをする。	簡易化されたゲームで，ボール操作やボールを受けるための動きによって，攻守する。

表2 ネット型

学年	1年生・2年生		3年生・4年生	5年生・6年生
領域 （内容）	ゲーム （ボールゲーム）	ゲーム （鬼遊び）	ゲーム （ネット型ゲーム）	ボール運動 （ネット型）
学習指導要領	簡単なボール操作やボールを持たないときの動きによって，的に当てるゲームや攻守のあるゲームをする。	一定の区域で，逃げる，追いかける，陣地を取り合うなどをする。	ラリーを続けたり，ボールをつないだりして易しいゲームをする。	簡易化されたゲームで，チームの連係による攻撃や守備によって，攻守する。

表3　ベースボール型

学年	1年生・2年生		3年生・4年生	5年生・6年生
領域 （内容）	ゲーム（ボール ゲーム）	ゲーム （鬼遊び）	ゲーム（ベースボ ール型ゲーム）	ボール運動（ベース ボール型）
学習指 導要領	簡単なボール操作やボールを持たないときの動きによって,的に当てるゲームや攻守のあるゲームをする。	一定の区域で,逃げる,追いかける,陣地を取り合うなどをする。	蹴る,打つ,捕る,投げるなどの動きで,易しいゲームをする。	簡易化されたゲームで,ボールを打ち返す攻撃や隊形をとった守備によって,攻守する。

2）態度

　児童に身に付けさせたい「態度」は，ボール運動系の種目に限らず①愛好的態度，②協力・公正の態度（きまりやルールを守る，用具の準備や片づけなど），③安全の態度（場や用具の安全確認，周囲への配慮など）があげられる。（表4）

3）思考・判断

　児童に身に付けさせたい「思考・判断」は，各領域共通なものとしての「自己の能力に適した課題の解決の仕方の工夫」があげられる。

表4　各学年の態度

学年	1年生・2年生	3年生・4年生	5年生・6年生
領域 （内容）	ゲーム	ゲーム	ボール運動
学習指導要領	運動に進んで取り組み，きまりを守り仲よく運動をしたり，勝敗を受け入れたり，場の安全に気を付けたりすることができるようにする。	運動に進んで取り組み，規則を守り仲よく運動をしたり，勝敗を受け入れたり，場の安全に気を付けたりすることができるようにする。	運動に進んで取り組み，ルールを守り助け合って運動をしたり，勝敗を受け入れたり，場の安全に気を付けたりすることができるようにする。

（4）「ゲーム及びボール運動」領域の具体的運動種目の例

　各領域で行われている運動種目の例である。各校の実情に合わせてルールや用具等を工夫しながら実施する。（表5・表6）

表5　各学年の運動種目例

学年	1年生・2年生	3年生・4年生	5年生・6年生
領域 （内容）	ゲーム	ゲーム	ボール運動
学習指導要領	簡単な規則を工夫したり，攻め方を決めたりすることができるようにする。	規則を工夫したり，ゲームの型に応じた簡単な作戦を立てたりすることができるようにする。	ルールを工夫したり，自分のチーム特徴に応じた作戦を立てたりすることができるようにする。

表6　ゴール型・ネット型・ベースボール型の例

ゴール型	ネット型	ベースボール型
①サッカー ②ラインサッカー ③ハンドボール ④フラッグフットボール ⑤タグラグビー ⑥アルティメット（フライングディスク） ⑦ポートボール ⑧バスケットボール	①ソフトバレーボール ②キャッチバレーボール ③卓球 ④バドミントン ⑤テニス	①ソフトボール ②ハンドベースボール ③ティーボール ④キックベースボール

第2節　「ゲーム及びボール運動」の学習要素

　第1節では学習指導要領における「ゲーム及びボール運動」の基本的な考え方などについて述べてきた。学習指導要領の改訂には，学びの体系化や具体化だけではなく，さまざまな現実的課題も包含している。子どもたちが集団で外遊びをすることが減少してきたため，基本的な運動経験が不足し，体力や運動能力が低下してきている。この現象は日本に限らず多くの先進諸国に共通している。この問題に対して，ドイツのハイデルベルク大学ではボール運動教室（バルシューレ）を展開し，課題解決を図ろうとしている。

　バルシューレの学習要素は，次の3つの領域で構成されている。

　・A領域：プレー力（戦術）
　・B領域：身のこなし（運動協調性）
　・C領域：技術（モジュール・スキル）

これらの領域は，互いに排除したり競合したりするのではなく，互いに

補完し合っている。また，各領域には7つの学習要素（表7〜表9）があり種目を超えた横断的な能力の育成を経て，段階的に専門種目に移行していくように考えられていることから，新たな視点として単元計画に役立ててほしい。

表7　A領域：プレー力（戦術）

①位置取り	正しいタイミングでプレイコート上に最適な位置取りをする（ボールを持っていないときの走り，空間配置）。
②ボール確保（個人）	1対1の状況，すなわち一人の敵と対峙して，ボールを確保し，攻撃行動へとつなげる。
③ボール確保（協働）	味方と協働してボールを確保し，攻撃行動へとつなげる。
④優勢づくり（個人）	敵の防御を「かわして」優勢を作り出す。
⑤優勢づくり（協働）	味方と協働して優勢を作り出す。
⑥隙の認識	パスやシュート，すなわち「突破」のチャンスを与えるような隙間に気付く。
⑦突破口の活用	正しいタイミングでプレイコート上の最適ポジションからパスやシュート・ゴールへと導く突破口を活用する。

表8　B領域：身のこなし（運動協調性）

①ボール感覚	巧みでコントロールの効いたボール扱い。
②時間	時間を最小限に，速度を最大限に高めなければならないプレッシャー。
③正確性	正確性を最大限に高めなければならないプレッシャー。
④連続対応	次々と連続する課題に対応しなければならないプレッシャー。
⑤同時対応	同時に複数の課題に対応しなければならないプレッシャー。

⑥変化	変化する周りの状況に対応しなければならないプレッシャー。
⑦負荷	体力的，心理的な負荷状態で対応しなければならないプレッシャー。

表9　C領域：技術（モジュール・スキル）

①軌道の認識	飛んでくるボールの距離，方向，速さを先取りし知覚する。
②味方の位置・動きの認識	一人あるいは複数の味方の位置や走る方向・速度を先取りし知覚する。
③敵の位置・動きの認識	一人あるいは敵の味方の位置や走る方向・速度を先取りし知覚する。
④ボールへのアプローチの決定	ボールにアプローチするために走らなければならない距離，方向，速さを先取りし知覚する。
⑤着球点の決定	ボールに対してどの位置で構え，ボールをどのタイミングでどこに着球させるか先取りし決定する。
⑥キャッチ・キープのコントロール	飛んでくるボールをキャッチし，ドリブルなどでキープするときの動きをコントロールする。
⑦パス・シュートのコントロール	ボールを投げ，蹴り，打つときの力の入れ方や方向（角度）をコントロールする。

第3節　「ゲーム及びボール運動」の指導の工夫

　近年，ボールの硬さに対して不安をもつ児童が多いことから，ソフトバレーボールやキャッチバレーボール，ドッジビー，フライングディスクなどを利用するとよい。

　また，子どもたちの遊びの実態に応じて指導者がその遊びにアレンジを加え，様々な工夫のもとみんなで楽しめる活動を行ってほしい。

ボール操作の技能として、ボールを頭上に投げ手を叩いてキャッチしたり、その場で1回転したりしてキャッチする。また、バウンドしたボールが上がってくるところを、手のひらを下にした状態でキャッチするなどさまざまな工夫ができる。

　安全に配慮した教具①（左はソフトバレーボール、右はフラッグフットボール。どちらもソフトゴムでできていて手に馴染みやすく、とても柔らかい。）

安全に配慮した教具②(左がフライングディスク,右はドッジビー,上はボーテック。)

【引用・参考文献】

1) 文部科学省　学校体育実技指導資料　第8集『ゲーム及びボール運動』　pp. 4-5
2) 同上　pp. 126-127
3) 同上　pp. 134-135
4) 同上　p. 141
5) 同上　p. 149
6) 奈良教育大学ブックレット第3号『バルシューレ：幼児のためのボール遊びプログラム』
　東山書房，2011年，pp. 26-32

・・・第 13 章・・・
表　現　運　動

　表現運動は，子どものうちにある感情や思考，感じたこと，心が動いた事柄を，身体を使って創造的に，または想像しながら見える形として表すことである。表現運動には決められた器具や用具はない，勝敗を競ったり，できる・できないなど技能の優劣も重要ではなく，子どもたちが持っているイメージを広げ，全身を精いっぱい動かして表現することの楽しさを味わってもらったりすることが大切だと考えられる。友達や仲間とコミュニケーションをとりながら表現活動を通じて喜びや楽しさを感じ協力することや達成感を経験し，心も豊かになっていくことが大切だといえる。

　体育科指導要領において表現運動は学習内容を，低学年（1，2 年生）は「表現リズム遊び」，中学年（3，4 年生），高学年（5，6 年生）は「表現運動」としている。低学年の内容は幼小連携の観点から，幼稚園学習内容の幼児期の終わりまでに育ってほしい姿を考慮に入れること，低学年と中学年のつながりや高学年の学習内容は，中学校の学習内容につなげていくように考慮することも必要であると考えられる。

　表現リズム遊び・表現運動の指導では，音響機材（CD デッキ・スピーカー等）を利用して音楽を効果的に使うことや，IT 機器（ビデオ・DVD・タブレットなど）を用いて教材を視覚化して，子どもたちに自分たちの動きを見せ，動きの確認を行ってもらうことも効果的である。今回の学習指導要領の改訂においても言語能力，情報活用能力，問題発見・解決能力が重要であると言われている。表現遊び・表現運動は，指導者が関りながら

138

アクティブラーニングの学びを実践できると考える。

　指導者は学習カードや自己評価カード等の教材を充実させ，指導現場で工夫を凝らして用いていくことや，指導中での発語『やるぞ！，オォー！』や，発問は子どもの意欲を高めるとも言われている。指導者の言葉かけや発問は，子どもたちに思考・判断のきっかけを与え表現を高めていく要素であるといえる。

　表現を引き出す刺激として，音楽・詩・擬音語・擬態語・映像などを使い，より表現をひろげ，ふかめることが指導者には求められる。指導の際に，子どもが動くことが気持ちよいと感じ，表現することを安心して楽しめるような環境を整えることも大切である。

　運動場面では笛（ホイッスル）の使用が多く見られるが，表現運動においては言語による指示が同時にでき，リズムを感覚的に正確にとらえることができる運動指導用の太鼓等が適している。

　表現運動は子どもの内面を重視した自由な表現活動だと言われている。考えること表現することばかりが重視されないよう，体育科の授業として運動量の確保も大切な要素であることを忘れてはならない。ウォーミングアップ等で，軽快な音楽でリズムに乗っていろいろなステップを踏む経験を行う，有酸素運動（エアロビクス）や体つくり運動などもふまえることで，運動量をあげる工夫も取り入れることが必要であり，体育科の目標を心がけておくことも大切だといえる。

写真１　リズム太鼓

第1節　低学年の学習内容

技能	ア，表現遊び　　：身近な題材の特徴をとらえ全身で踊ること
	イ，リズム遊び：軽快なリズムにのって踊ること
態度	運動に進んで取り組み，だれとでも仲よく踊ったり，場の安全に気を付けたりすることができるようにする。
思考・判断	簡単な踊り方を工夫できるようにする。

ア．表現遊び

　低学年において表現は，抽象的なものではなく具体的で動きのリズムがはっきりしていて，形態的にも特徴があり，まねることが容易な動的なものを課題とすることが好ましいとされる。人間の持つ基本的な感情で情動（喜怒哀楽という言葉で表される）といわれる喜び，怒り，哀しみ，楽しい，これらの感情は，低学年の子どもたちでも表現しやすい題材である。

　まねっこ（模倣）から，子どもの動きは発展していくと考えて，その題材としてまねっこしやすいものから以下にあげておく。

・動的なもの

　　　人間—赤ちゃん，老人，大工さん，運転手さん，忍者

　　　動物—ぞう，さる，へび，ひよこ，うさぎ，カンガルー

　　　乗り物—汽車，ヘリコプター，飛行機，自転車，ぶらんこ

　　　その他—海，雨，波

・静的なもの—ピアノ，建物，山，椅子

・感情，情緒的なもの—喜び，悲しみ，怒り，うれしさ，たのしさ，

・知覚観念的なもの—明るい，暗い，寒い，熱い，暑い

イ．リズムあそび

　いろいろなものになり切りやすく，リズミカルな動きが大好きであるという低学年の子どもの特性をいかし軽快なリズムに乗って弾んで楽しく踊ることや友だちとかかわりあいながら踊る指導が望ましいと考えられる。楽しんで踊れるように，ややテンポの速いポップな曲や，耳なじんだCM曲，アニメーションの主題歌をアレンジしたような身近で興味，関心が持てるような曲を選曲するのも効果的である。

　基本的な動きとステップとして歩，走，跳があげられる。簡単な動きから発展させてゆき，

　　①歩く—（ウォーキング）つま先で歩く，大股で歩く，斜めに歩く，ジ
　　　　　グザグに横に歩く，歩きながら回転する

　　②走る—（ランニング）走る速さを変えて走る，方向をかえながら走る，
　　　　　渦巻き状に走る

　　③跳ぶ—（ジャンプ）上に跳ぶ，左右に跳ぶ，両脚を開いて跳ぶ，片足
　　　　　をあげて跳ぶ，前蹴りで横に進む

　　④応用ステップ—スキップ，ツー　ステップ，ボックス　ステップ，スリ
　　　　　ー　ステップス　ターン，ランニングマン，サイドステッ
　　　　　プ，

　などがあげられ組み合わせて動くこともある。

　近年の新しい運動理論であるコーディネーション運動では，リズムはすべての運動種目の基礎であると述べられている。リズムをしっかりとらえることが，どの運動種目の獲得にも有効だと述べられており，リズム能力を，表現遊びのなかで楽しみながら獲得できるようにすることが必要であると考えられる。

≪実践例≫チェーン・シェイプ（ポーズ遊び）

写真2　チェーン・シェイプで表現遊びを楽しむ子ども達

　鎖がつながっているように，身体でポーズを作ってつなげていく表現遊びである。ポーズを作っている子どもの身体のどこかに触れて，次の子どもがポーズを作る。自由に身体でポーズを作りながら順番に子どもたちはポーズをつなげてゆく。7，8人の仲間でおこなうと仲間のポーズを鑑賞しながら，次のポーズを考えたり面白いポーズの発見をしたりすることができる。指導者は，自由に作ったポーズに「片足をあげたポーズにしよう。」「どこか体の一部をねじったポーズを考えて。」など課題を与えていく。言葉がけにより新しい身体の使い方を発見することができ動きがひろまる。

第2節　中学年の学習内容

技能	ア．表現では身近な生活などの題材からその主な特徴をとらえ，対比する動きを組み合わせたり繰り返したりして踊ること イ．リズムダンスでは軽快なリズムにのって全身で踊ること
態度	運動に進んで取り組み，だれとでも仲よく練習や発表をしたり，場の安全に気を付けたりすることができるようにする。
思考・判断	自己の能力に適した課題をみつけ，練習や発表の仕方を工夫できるようにする。

ア　表現

　題材の主な特徴をとらえて表したい感じを，ひと流れの動きで即興的に表現することであるといわれる。たとえば宇宙探検をする。ロケットにのり惑星に着いた，宇宙人に会い驚いたが仲よくなり一緒に踊る等，一連のイメージや言葉かけで即興的に動きを引き出し，表現をひろげて行くのである。

　その他には暑い，寒い，明るい，暗い，大きい，小さい，遅く，速くなど人間の感覚器に刺激をもたらす言葉や，対照的な動きを引き出す言葉は動きに変化をもたらすことができ，子どもが共通して理解・共有できる言葉である。動きを具体的にとらえやすくする言葉かけとなり，多様な身体の動きを引き出す要素としてふさわしいと考えられる。

イ　リズムダンス

　子どもたちが楽しく乗りやすい軽快なテンポの曲を選曲して，しっかりと全身で弾んで動くことが大切である。次に動きにアクセントをつけたり，リズムの特徴をとらえたりして一曲を踊りきることを目指したい。

≪実践例≫鏡の中の私
（仲間の動きに反応して楽しむ，タブレット学習につなげる）

図１　（例）学習カード

表現運動学習カード		
名前（　　　　　　　　　　　）		
テーマ	鏡の中のわたし	月　日
今日のめあて	友だちの動きをよく見て動く	
①今日の学習は楽しかったですか。		◎　○　△
②自分からすすんでおどれましたか。		◎　○　△
③友だちのよい動きを見けることができましたか。		◎　○　△
④友だちといっしょに仲良くおどることができましたか。		◎　○　△
感想（楽しかったこと・うれしかったこと・くふうしたことなど）		

2人組になり，2人の真ん中に鏡がある設定で動きを引き出していく。ひとりが主人公（実像），もう一人は鏡に映る人（虚像）となる。主人公の動きをまねて鏡に映っているようにもう一人は動く。友だちの動きをよく見ることで自分では行わない新しい動きの発見をしたり，対称形（シンメトリー）での動きの感覚を学んだりするなど動きのひろがりにつながる。次に2人組から4人のグループを作り，互いに2人組で動いている様子を，タブレット端末を使って撮影し（写真3）自分たちの動きを見せ合って確認する。面白い動きを発見したり，お互いの動きにアドバイスや意見を言い合ったりする（写真4）など仲間と動くことや表現する方法を学習できる。タブレットを使った学習は表現運動において有効であり効果的である。自分の動きを見た感想や，仲間の動きを見た感想を書き込むような学習カード（図1）を使えば学習内容の確認になり役立つ。

写真3　タブレット学習　　　　　写真4　意見交換

第3節　高学年の学習内容

技能	ア，表現ではいろいろな題材から表したいイメージをとらえ，即興的な表現やひとまとまりの表現で踊ること イ，フォークダンスでは踊り方の特徴をとらえ，音楽に合わせて簡単なステップや動きで踊ること
態度	運動に進んで取り組み，お互いのよさを認め合い助け合って練習や発表をしたり，場の安全に気を配ったりすることができるようにする。
思考・判断	自分やグループの課題の解決に向けて，練習や発表の仕方を工夫できるようにする。

ア　表現

　高学年になると思考力がつき，ものの感じ方や好みが多様化し個人差も顕著になってくる時期である。体力はついてきており運動欲求はあるものの，自己の内面を表現することに羞恥心を持つようになり，表現運動がうまくできないなどのことも起こってくる。動きは変化と起伏を好み単に真似るのだけではなく心情も重ねて表現することができるようになってくる。変化と起伏を付けた，ひと流れの動きつくりからグループで題材を決めて「はじめ—なか—おわり」をつけた簡単なひとまとまりの動きを作っていくように指導するとよい。

イ　フォークダンス

　外国や日本の地方に伝えられている民族舞踊である。地域の習慣や発生の由来，主となるステップ，踊りのもつ特徴を知り知的理解を行うことで，外国の文化や日本の地域の文化に触れることができる。基本的なステップを身に付けることにより気軽に踊りの輪に入ることができ仲間と一緒に楽しむことができる。地域の民踊を調べたり，DVDで踊りを鑑賞したりすることで学習をひろげる活動をおこなったり，自分たちの興味や関心の

ある外国の文化的背景やステップや動作の表している意味を理解するなど,ふかめる学習にもつなげることができる。

外国のフォークダンスとしては,マイムマイム(イスラエル),コロブチカ(ロシア),バンブーダンス(フィリピン),グスタフス・スコール(スウェーデン)等が代表的である。日本の民踊としては,エイサー(沖縄),阿波踊り(徳島),ソーラン節(北海道),花笠踊り(山形)等がある。

≪実践例≫

表現運動を発展させ隊形に変化をつけたりして来上がったあがった作品を,運動会での集団演技として披露することをも視野に入れながら指導することも大切である。高学年では態度や思考・判断として「練習や発表,交流を行うこと」を重視した内容となっている。発表することで仲間との絆が育ち,集団行動で安全への配慮も学ぶことにつながって行く。演技発表の場で見てもらう,ほめてもらうという経験から,表現運動の楽しさを知り,またやってみたいという気持ちを育てていく。高揚感や達成感という感情(写真5)もわいてくる。

発表において手具(ポンポン,鳴子,太鼓のばち等)を持つことや簡単な衣装をつける,かけ声を出す(写真6),小道具を配置するなどは子どもたちのやる気を引き出す要因になると言われている。手具は動きを大きくする効果があり,手具に色彩を施せば視覚的にも華やかになる。

写真5 声を出して踊る

写真6 日本民踊の発表(扇子)

第4節　指導上のポイントと留意点

　表現学習を行う時には，楽しい雰囲気づくり・安心して表現できる場づくり・イメージを広げやすい題材・子どもの動きを引き出す言葉がけ・子どもが興味をもって楽しく学習を深めるられるように，的確なねらいやポイントを指示できるように準備することが重要である。また指導者が子どもたち以上に，なりきって動くことや恥ずかしさを持たないで動くことが大切である。表現運動では指導者に求められるものは大きい。

　現在のクラス編成において，気になる子どもたちの対応や指導も考え知っておくことも必要である。音を好む子ども，反対に音に対して敏感すぎる子どもなど多様な子どもがおり，対応にも多様性が必要とされる。表現活動では心が開放され豊かな創造性のめばえや意欲が培われるといわれるように表現運動は発育発達の観点からも大切である。また，運動が苦手な児童への配慮も必要であると述べられている。池田ら（2016）は，気になる子どもの支援においては，身体活動を軸とした集団遊びにおいて「からだ（身体運動）・あたま（認知）・こころ（情緒・社会性）」の全面的な発達を支えることが重要である。と述べている。表現運動はその可能性に応えられるものであると考えられる。子どもたちが心を開放して身体で表現する楽しさを経験することができるように心がけたい。

【参考文献】

1)根本雅夫編『表現運動のすべて』明治図書，2010 年，p.106

2)小学校学習指導要領解説『体育編』文部科学省，2008 年

3)K.マイネ・G.シュナーベル著，綿引勝美訳『動作学-スポーツ運動学』新体育社，1991 年，pp.331-360

4)細川江梨子・池田延行・村田芳子『体育科実践事例集』小学館，2009 年，pp.112-123

5)池田裕恵・猪崎弥生編『保育内容表現』杏林書院，2016 年，p.55

···第 14 章···

保　健

第1節　「保健」領域の改善事項

（1）第3・4学年

「健康な生活」では，健康の大切さを認識するとともに，家庭や学校における毎日の生活に関心をもち，健康によい生活を続けることについて理解できるようにする。また，「体の発育・発達」では，子どもたちの体の発育・発達の年齢に伴う変化や個人差，思春期の体の変化などについて理解できるようにする。

（2）第5・6学年

「心の健康」では，心は年齢とともに発達すること及び心と体は相互に影響し合うことについて理解できるようにするとともに，不安や悩みへの対処について理解できるようにする。「けがの防止」では，けがが発生する原因や防止の方法について理解できるようにするとともに，けがの簡単な手当について理解できるようにする。「病気の予防」では，病気の発生要因や予防の方法，喫煙，飲酒，薬物乱用が健康に与える影響について理解できるようにする。

（3）新たな内容

「健康な生活」では，健康の状態を主体の要因と周囲の環境の要因でとらえること，「けがの防止」では，身の回りの生活の危険が原因となって起こるけがの防止，「病気の予防」では，地域の様々な保健活動が，それぞれ新たな内容として，前回から指導の系統性の視点から加えられた。

148

また、下に書いた内容の「ア　知識」とともに，新たに「イ　思考力，判断力，表現力等」が加えられている。

表 14-1　保健領域の内容

第 3 学年 （1）健康な生活 【4 時間】	ア	健康な生活
	イ	1 日の生活の仕方
	ウ	身の回りの環境
第 4 学年 （2）体の発育・発達 【4 時間】	ア	体の発育・発達
	イ	思春期の体の変化
	ウ	体をよりよく発育・発達させるための生活
第 5 学年 （1）心の健康 【3 時間】	ア	心の発達
	イ	心と体の密接な関係
	ウ	不安や悩みなどへの対処
（2）けがの防止 【5 時間】	ア	交通事故や身の回りの生活の危険が原因となって起こるけがの防止
	イ	けがの手当
第 6 学年 （3）病気の予防 【8 時間】	ア	病気の起こり方
	イ	病原体が主な要因となって起こる病気の予防
	ウ	生活行動が主な要因となって起こる病気の予防
	エ	喫煙，飲酒，薬物乱用と健康
	オ	地域の様々な保健活動の取組

　保健の学習は，「雨降り保健」などと揶揄されてきた。天候次第で雨が降れば，体育を保健に切り替える，そんな授業形態が横行していたからで

ある。年間指導計画に位置づけた系統だった保健学習を今後，展開していきたいものである。

第2節　健康な生活

（1）小学校3年生で学ぶ「健康のとらえ方」

　従前は，健康の概念やとらえ方について，中学校や高等学校で学習していたが，各学校間の円滑な接続の観点から，保健学習の内容が系統的に整理され，小学校においても「健康のとらえ方」について，発達段階に応じた内容に位置づけられた。

　心や体には，調子のよい状態や悪い状態があることがあげられ，調子のよい健康な状態とは，気持ちが意欲的であること，元気なこと。具合の悪いところがないこと，などの学習内容が考えられる。身近な現象面から，自らの心や体の健康の状態について学習を進めることが大切である。

（2）心や体の調子がよいなどの健康の状態は，主体の要因や周囲の環境の要因がかかわっていること

　主体の要因としては，毎日の規則正しい生活と手や足などの体の清潔などがある。周囲の環境の要因としては，教室などの換気や照明の調節が必要であることなどを理解できるようにする。ここでは，単に換気の方法や照明の調節の方法についてのみ授業で取り上げることのないように留意する。

　この単元は，学校での保健学習のスタートである。健康というものが，明るく元気な毎日の生活のためにかけがえのないものであることを実感できるような学習にしたい。

第3節　体の発育・発達

（1）「体をよりよく発育・発達させるための生活の仕方」は項目として
は最後に

　本単元は，基本的に大きな内容の変更はない。指導内容の明確化の観点から，これまで『学習指導要領解説（平成11年，文部省）』で示されていた「個人差」が学習指導要領に明示されるようになった。また，前々回の学習指導要領では「ア　体の発育・発達と食事，運動などの大切さ」「イ　思春期の体の発育・発達」という構成であった。今回は，「ア　体の発育・発達」「イ　思春期の体の変化」「ウ　体をよりよく発育・発達させるための食事，運動，休養及び睡眠」と指導内容を整理して，大きな変化はなく示された。これにより，体の一般的な現象と思春期の体の変化を連続して学習した上で，それらをよりよく発育・発達させるための生活の仕方について，学習することになっている。

（2）中学校との系統性に配慮する

　「思春期の体の変化」については，学習指導要領の内容は，従前と変わらないが，中学校との系統性を一層考慮して，小学校で押さえるべき内容を十分に理解して指導すべきである。例えば，性腺刺激ホルモン等については，中学校の保健学習で取り扱うことになり，小学校で扱うことはない。また，小学校で学習する初経や精通については，詳しいメカニズムを教えるのではなく，大人の体に近づく中でこれらの現象がだれにでも起こるということを知り，それに伴う不安や心配を取り除くことができるような学習にしたい。さらに，内容の取扱いでは，「自分と他の人では，発育・発達などに違いがあることに気付き，それらを肯定的に受け止めることが大切であることに触れる」ことが示されている。自分を大切にする気持ちを育てる観点から，自分の体の発育・発達について肯定的に受け止められるような学習に取り組むことが求められる。

第4節　心の健康

（1）「心の健康」が第5学年の最初の学習内容である

　2008年の学習指導要領では，「心の健康」は「けがの防止」と入れ替わって，(1)として位置づけられた。今回も同様である。これによって第4学年の「(2)育ちゆく体とわたし」のイに含まれる「異性への関心が芽生え」とのつながりも明確になった。また，(1)のアにおける「年齢に伴って」という表現は，これまでの「年齢とともに」とは異なり，第4学年の「体の発育・発達」と同じ表現になっている。体の発育・発達と心の発達を，系統性をもってあるいは関連を図りながら指導することが可能である。

（2）心と体は，相互に影響し合うこと

　以前の学習指導要領の「心の健康」では，「心と体は密接な関係にあり，互いに影響し合う」という表現であった。しかし改訂後では「相互に影響し合う」という表現に変わっている。実際の指導では，大きな変更があるわけではないが，注意すべき点もある。「相互に影響し合う」ことを理解させるために，ホルモンや自律神経の働きを取り上げるような授業がみられるが，小学校ではこのような機能面ではなく，現象面の理解に重点を置きたい。すなわち，体から心へ，あるいは心から体へ，具体的にどのような影響がみられるのかということへの確実な理解を図ることが大切である。

　ところで，ウの「不安や悩みなどへの対処」については，表記上，今回特に変更はなされなかった。しかしながら，ここでも指導上注意すべきことがある。ウでは，いろいろな不安や悩みの対処の方法を学ぶわけであるが，実際の指導では，特定の対処法を取り上げて，授業において実習を行う例がみられることがある。しかし，このような実習そのものが目標ではないことを確認しておくべきである。

152

第5節　けがの防止

（1）身の回りの生活の危険が原因となって起こるけがの防止

　2008年の改訂では，(2)のアについては，「交通事故や身の回りの生活の危険が原因となって起こるけがの防止」に変わっている。今回も同様に，この「身の回りの生活の危険」とはいったい何を指すのであろうか。

　旧学習指導要領の解説では，学校生活の事故や水の事故が取り上げられていた。これらはもちろん「身の回りの生活の危険」の一部である。しかし近年，子どもたちを取り巻く，子どもの安全を脅かしている犯罪もまた「身の回りの生活の危険」に含まれると考えられる。犯罪被害にかかわる内容としては，生活科において「通学路の様子やその安全を守っている人々などに関心をもち，安全な登下校ができるようにする」と内容に位置づけられている。

　それに対して保健では，交通事故同様に「身の回りの生活の危険」は人の行動と環境がかかわって発生すること，けがを防止するためには危険に早く気付き，的確な判断のもとに安全に行動することを学ぶ。また安全な環境づくりの観点から，安全点検や安全施設の改善，さらには適切な規制について学ぶことになる。なお，犯罪被害を取り上げる場合でも，保健においては防犯教室とは区別して，けがが発生する要因とけがの防止についての理解を中心として学習することになる。

（2）けがの手当の原理・原則を理解すること

　けがの手当については，「簡単な手当ができるようにする」とある。しかしここでの学習は，実習を通じてけがの簡単な手当の原理・原則を理解することにその目的がある。授業の中で実際に適切な手当ができるようになることを目指すのではなく，けがが発生した場合の手順及び簡単なけがの手当を理解し，けがに応じてそれを当てはめることの理解を図りたい。

153

第6節　病気の予防

（1）病気の発生要因や予防の方法に関する内容は従前どおり

「ア　病気の起こり方」「イ　病原体がもとになって起こる病気の予防」
「ウ　生活行動がかかわって起こる病気の予防」の内容は，新学習指導要
領でも変わっていない。

（2）「喫煙，飲酒，薬物乱用と健康」については項目に

前回の改訂で「ウ　生活行動がかかわって起こる病気の予防」に位置づ
けられていた「喫煙，飲酒，薬物乱用と健康」がエとして新たに取り上げ
られた。これによって喫煙，飲酒，薬物乱用に関する内容は，小・中・高
等学校で系統的に取り扱うことがより明確になったことになった。中学校
以降の内容との重複を避けるため，喫煙や飲酒では急性の影響を中心に，
薬物乱用ではシンナーなどの有機溶剤による健康への深刻な影響などを
取り上げる。また，覚せい剤は，乱用される薬物にはいろいろなものがあ
ることの例として触れる程度とし，また薬物乱用が社会へ及ぼす影響につ
いては扱わない。

（3）「地域の様々な保健活動の取組」が新たに取り上げられた

新学習指導要領では新たに，「オ　地域の様々な保健活動の取組」が位
置づけられた。ここでは，人々が病気を予防するためには，地域でも様々
な活動が行われていることを学習する。例えば，「健康展」などの名称で，
保健所や保健センターなどで様々な健康にかかわる活動が行われている
ことなどを取り上げるようにする。この内容は，単元全体の「まとめの学
習」になるとともに，中学校以降で学習するヘルスプロモーションの考え
方を理解する基礎ともなる。

第7節 「保健」領域の内容の取扱い

(1) 食事，運動，休養及び睡眠についての指導への配慮

食事，運動，休養及び睡眠はそれぞれが密接に関連していることから，保健領域に位置づけられた内容の学習に加えて，運動領域の学習，食育の観点を踏まえた学校給食に関する指導などと連携を図るなどして，健康的な生活習慣を形成するための学習効果を高めることへの配慮が，さらに求められている。

(2)「知識を活用する学習活動」の積極的な取り入れ

知識を習得する学習とともに，習得した知識を活用する学習を積極的に取り入れて，保健に関する「思考力・判断力・表現力等」を育成することが，学習活動の「イ」として新たに求められている。その際には，身近な日常生活の体験や事例などを用いた話し合い活動やブレーン・ストーミングなど様々な指導方法の工夫が不可欠である。

また，応急手当などの実習や実験などでは，それらの活動を通して思考が促されたり，より深い理解につながったりするような用い方が求められる。さらに，地域や学校の実情に応じて，養護教諭や栄養教諭などの専門性を有する教職員などとも連携して，知識を活用する学習活動を工夫することも考え，効率の高い学習形態を選択したい。

【参考文献】

1)文部科学省「小学校学習指導要領解説『体育編』」東洋館出版社，2017 年

2)高橋健夫・野津有司編著「小学校学習指導要領の解説と展開 体育編」教育出版，2008 年

3)杉山重利・高橋健夫・園山和夫「保健体育科教育法」大修館書店，2009 年

4)青野光子・松本典子編著「よい動きを引き出すための幼児体育」建帛社，2011 年

5)矢野正・吉井英博「小学校体育科指導法」三恵社，2016 年

・・・第 15 章・・・
健康・体育をめぐる今日的課題

第 1 節　ヘルスプロモーションの理念に基づく健康の保持増進

（1）国民の健康を取り巻く社会状況

　我が国は，平均寿命の伸長とともに少子化傾向が諸外国に例を見ないスピードで進展し，急速に「高齢社会」に移行している。この傾向は今後も進み，2018（平成 30）年には，世界一の「超高齢社会」を迎え，人類がかつて経験したことのない時代が到来することになると予想されている。最新のデータでは，2016 年の日本人の平均寿命は女性 87.14 歳，男性 80.98 歳で，いずれも過去最高を更新した（厚生労働省の調査）。

　また，社会の様々な分野において，技術の高度化，情報化等の進展が著しく，これらは，国民に恩恵をもたらしている反面，人間関係の希薄化，精神的なストレスの増大や運動不足，新たな職業病の増加など，心身両面にわたり健康上の問題を生み出してきている。

　さらに，学校においては，児童生徒の体位は向上しているものの，体力・運動能力については逆に低下する傾向が続いており，誠に憂慮すべき状況にあると言わざるを得ない。また，薬物乱用や援助交際，生活習慣病の兆候，感染症，いじめ，不登校等，児童生徒の心身の健康問題が，極めて大きな社会的問題となっている。

　家庭においても，核家族化や少子化の進行，父親の単身赴任や仕事中心のライフスタイルに伴う家庭での存在感の希薄化，子どもの生活習慣の育成に対する親の自覚の不足や自らの生活習慣を顧みない親の増加など，家

庭の教育力が低下する傾向にあり，食生活をはじめとする基本的な生活習慣が身についていない子どもが増えている。

地域社会においても，都市化の進行等による地域連帯感の希薄化や地域の教育力の低下が見られるとともに，子どもたちの遊びの形態が著しく変化し，地域において日常生活の中で体を動かす機会や場も減少している。

こうした一方，学校週5日制や，年間労働時間の短縮などにより自由時間が増大するとともに，国民の意識も仕事中心から生活重視に変化してきており，人生をいかに充実して過ごすか，「人生80年時代」にふさわしい新たなライフスタイルの構築が求められている。

（2）21世紀における健康の在り方

国民の健康をめぐって今日指摘されている様々な問題は，AIをはじめとした経済や科学技術等の発展に伴う社会の変化によって生じたものであり，これらの変化は今後も基本的には変わらないと予想される以上，その克服のためには，国民一人ひとりが，これらの心身の健康問題を意識し，生涯にわたって主体的に健康の保持増進を図っていくことが不可欠である。ここで健康とは，世界保健機関（WHO）の憲章（1946年）では，病気がなく，身体的・精神的に良好な状態であるだけでなく，さらに，社会的にも環境的にも良好な状態であることが必要であるとされている。

すなわち，健康とは，国民一人ひとりの心身の健康を基礎にしながら，楽しみや生きがいを持てることや，社会が明るく活力のある状態であることなど生活の質をも含む概念としてとらえられている。したがって，国民の生涯にわたる心身の健康の保持増進を図るということは，すなわち，このような活力ある健康的な社会を築いていくことでもあるといえよう。

また，健康を実現し，更に活力ある社会を築いていくためには，人々が自らの健康をレベルアップしていくという不断の努力が欠かせない。WHOのオタワ憲章（1986年）においても，「人々が自らの健康をコント

ロールし，改善することができるようにするプロセス」として表現された
ヘルスプロモーションの考え方が提言され，急速に変化する社会の中で，
国民一人一人が自らの健康問題を主体的に解決していく必要性が指摘さ
れている。ヘルスプロモーションは，健康の実現のための環境づくり等も
含む包括的な概念であるが，今後とも時代の変化に対応し健康の保持増進
を図っていくため，このヘルスプロモーションの理念に基づき，適切な行
動をとる実践力を身に付けることがますます重要になっている。

第2節　健康に関する教育・学習

（1）健康の保持増進のために必要な能力・態度の習得

　健康を取り巻く社会状況の中で，国民一人ひとりが生涯にわたる心身の
健康の保持増進を図るためには，疾病の発症そのものを予防するのみなら
ず，ストレス解消やストレスへの抵抗力を増す観点からも，運動，栄養及
び休養を柱とする調和のとれた生活習慣の確立が不可欠である。また，健
康の価値を自らのこととして認識し，自分自身を大切にする態度の確立や，
ストレスの増大を背景に心の健康問題が社会全体で増加する傾向にある
中，ストレスが生じた場合の対処法などの生活技術の習得も重要である。
さらに，健康問題を意識し，日常の行動に知識を生かして健康問題に対処
できる能力や態度，とりわけ，健康の保持増進のために必要なことを実行
し，よくないことをやめるという行動変容を実践できる能力を身につける
必要がある。

（2）健康と教育・学習

　その一方で，一定の社会的あるいは文化的な条件の下に生まれた個人は，
教育・学習によって，その生きていく社会において，既存の知識・技術を
吸収し，自分自身を変容・形成しながら，人間として成長・発達しつつ，
新しい文化を創造していく。

したがって，健康問題によりよく対処できる能力・態度を身につけ，人間として成長・発達していくためには，人間の持つ潜在的な可能性に働き掛け，より高い価値を備えた人間形成を目指した教育及び学習が不可欠である。本書における体育科教育法の意義がここにある。

　このような健康教育・学習により，生涯にわたる心身の健康の保持増進に必要な知識，能力，態度及び習慣を身に付けることを通じ，たくましく生きる意志と意欲，価値観を形成するなど，「生きる力」をはぐくむとともに，長期化する人生の全生涯にわたって，活力ある健康的なライフスタイルを築くことができるものと考える。

（3）児童生徒期における健康教育

　児童生徒に対する健康教育は，児童生徒期が，発育・発達の著しい時期であることなどから，他のライフステージにおける健康に関する教育・学習では代替できない重要な意義と役割を持っている。このため，児童生徒期については，生涯を通じて心身ともに健康で安全な生活を送るための基礎を培うという観点から，学校において組織的・体系的な教育活動を行うことは極めて重要である。

　一方，家庭においては，児童生徒の基本的な生活習慣の確立を促すとともに，学校で学習した内容を更に深め，習慣付けることが期待される。また，地域社会においては，学校で得た知識・能力や態度などを深めたり，高めたりすることが期待される。

　以上のことから，学校における指導の充実を図りつつ，家庭及び地域社会の生活を通じて，健康に関する基本的な知識の習得や理解を図るとともに，行動変容を実践できる能力・技術の育成が，一層，総合的・効果的に行われる必要がある。

第3節　健康に関する現代的課題への対応

（1）健康に関する現代的課題と心の健康問題

　社会の変化に対応して，新たに健康の保持増進の観点から早急に取り組むべき課題が指摘され，とりわけ児童生徒については，薬物乱用，性の逸脱行動，肥満や生活習慣病の兆候，いじめや不登校，感染症の新たな課題等の健康に関する現代的課題が近年，深刻化している。これらの課題の多くは，自分の存在に価値や自信を持てないなど，心の健康問題と大きくかかわっていると考えられる。これらの心の健康問題の要因は一様ではないが，複雑化した現代社会において，職場や学校における人間関係や家庭環境が複雑に絡み合い，ストレスや不安感が高まっていること，都市化や核家族化・少子化の進行，あるいは遊び環境など子どもたちを取り巻く状況の変化等を背景に，子どもたちの心の成長の糧となる生活体験や自然体験等が失われてきており，自己実現の喜びを実感しにくく，他者を思いやる温かい気持ちを持つことや，望ましい人間関係を築くことが難しくなっていることなどが大きな要因となっていると考えられる。

（2）薬物乱用及び性の逸脱行動の背景

　健康に関する現代的課題のうち，学校種別や地域によって非常に深刻化している薬物乱用や性の逸脱行動の背景については種々の議論があり，特定すること自体が難しい面があるが，児童生徒が薬物乱用や性の逸脱行動等の行為を行うのは，一般的に，健康の価値への無知や社会規範に対する意識の欠如等から，何らかの要因によって発生したストレスや不安感を解消しようとしたり，満足感や快楽を得ようとしたりすることにあると考えられる。児童生徒がそれらの行為を選択することの要因としては，一般的に，家庭・学校・社会のそれぞれの要因が考えられる。

　〇　家庭における要因として，まず，家庭の中には，子どもにとって精神的な支えの場であるという本来の家庭の在り方をなしていないものがあることが挙げられる。例えば，知育偏重等の社会的風潮に流され

て，親の自己満足のために子どもに過度の学習を強要したり，問題が生じた時に子どもを心から支えることをせず，まず叱ってしまうというようなことなど種々の原因が重なって，親子の信頼関係が希薄化しつつあると考えられる。また，自他の心身を害する行為をしないという態度が十分に教育されていないことや，学校に対して知育を過度に期待し，健康面での指導についての関心に乏しいことなども挙げられる。

○　学校における要因としては，その背景に，児童生徒が学校生活や集団になじめない，授業が分からずつまらないなどの理由で，学校に満足感や充実感が得られず，自己実現が十分果たされていないことが考えられる。また，学校において，薬物乱用や性の逸脱行動に関する指導が十分行われていないことも挙げられる。

○　社会における要因としては，覚せい剤等が容易に入手できる状況や，性に関する情報や産業が氾濫して性の商品化を誘発している状況などの有害環境が指摘できる。また，薬物を販売したり，性の逸脱行動の相手となる大人の無責任，自己中心的な行動も極めて大きな問題である。さらに，学校・家庭・地域社会全体を通じて人間関係が希薄化し，社会規範に関する教育力が低下していることから，子どもの規範意識や社会性が育ちにくい状況にある。

（3）生活習慣病の要因

また，生活習慣病は，生活習慣が疾病の発症に深く関係していることが明らかになったことに伴い，一次予防を重視して生活習慣の改善を図る観点から，新たに導入された概念であり，「食習慣，運動習慣，休養，喫煙，飲酒等の生活習慣が，その発症・進行に関与する疾患群」と定義される。例えば，肥満症という生活習慣病は，食生活及び運動習慣という生活習慣との関連が明らかになっている。生活習慣病に含まれる疾患は，その発症

に複数の要因が関与しているが，とりわけ，生活習慣の積み重ねにより発症・進行する慢性疾患であると考えられており，その発症を予防するためには，適切な生活習慣の形成が重要である。

第4節　健康に関する現代的課題に対する対策

（1）薬物乱用防止に関する対策

　薬物乱用防止に関する指導は，健康の保持増進の観点から，薬物乱用と健康のかかわりについて認識し，シンナーや覚せい剤等の薬物を使用しないという態度を身に付けるようにすることが重要である。その際，健康の価値を効果的に認識させる観点から，具体的な薬物の身体への影響等を分かりやすく指導することが重要であり，例えば，外部の専門家を活用することにより，薬物の恐ろしさや身体への影響等を実際に即して分かりやすく理解させることもできるであろう。

　また，このような指導を可能にするような適切な教師用の指導資料や指導マニュアル，ビデオや映画等の教材を開発することも重要である。さらに，そもそも児童生徒の薬物に対する意識が必ずしも明らかでないことから，児童生徒の薬物に対する意識調査も踏まえて，指導を行うに当たって重点を置くべき項目を明らかにすることも求められる。

（2）性の逸脱行動に関する対策

　援助交際など最近社会問題化している性の逸脱行動は，自らの性を商品化することであり，社会的に認められないものであるとともに，人格を直接傷つけ心と体の健康を損なう行為と言える。したがって，体育・保健体育，道徳，特別活動等の学校教育活動全体を通じて，それぞれの特質に応じ，性に関する指導の充実を図る必要がある。このため，教科等における性に関する指導に当たっては，自他の心身を大切にするという心の健康について児童生徒が主体的に考える態度を育成していくことを基本とし，人

間尊重の精神と生命に対する畏敬の念を具体的な生活場面で生かせるよう，発達段階に応じ，人間としての在り方生き方に関する教育を充実していくことが必要である。その際，男女が相互に尊重し，健全な異性観を持つようにするとともに，思春期における心身の発達や健康問題について，特に性的成熟に伴う心理面，行動・生活面の変化について適切な自己判断・自己決定ができるよう支援することが重要である。また，性の逸脱行動が社会的に認められないものであるという基本的認識の下，体育科をはじめ，各教科等における指導を有機的に関連付け，児童生徒が人間の性に対する理解や認識を深めるとともに，健全な態度や行動を身に付けさせるよう取り組む必要がある。

　一方，性に関する情報は，情報化の進展の中で社会的には氾濫しているものの，家庭や学校など身近な人間関係から与えられることは少ない。したがって，学校・家庭・地域社会が，性に関する適切な情報を有効な方法で子どもに発信することが求められ，とりわけ，家庭においては，話し合ったり相談したりできる関係を築くとともに，学校においては，それぞれの児童生徒の発達段階を踏まえた指導の充実を図ることが求められる。また，性に関する児童生徒の意識や行動，判断力には，それぞれの生活環境や社会からの情報などの影響も関連し，著しい個人差がある。このため，そのような個人差にも配慮しつつ，現代の社会状況に対応した性に関する指導を効果的に行えるような，適切な指導資料や教材を開発することなどの関連施策を更に充実する必要がある。

（3）生活習慣病に関する対策

　生活習慣一般の指導については，生活習慣の形成の取組は個々人の状況に応じて児童生徒が選択するという基本姿勢の下，例えば，食習慣，運動習慣と肥満や糖尿病との関連など，生活習慣と個々の疾患等との関係についての知識はもとより，知識から適切な生活習慣の形成に結び付くような

態度を育成するよう努めるべきである。とりわけ，喫煙・飲酒などの未成年者に関し法律で禁止されている生活習慣については，健康の保持増進の観点から，喫煙・飲酒と健康のかかわりについて認識し，これらの行為を行わないという態度を身に付けさせることが重要である。また，これらの指導を児童生徒に分かりやすく行えるような適切な指導資料や教材を開発することも重要である。

第5節　健康に関する現代的課題への対応のための取組体制の整備
（1）学校の役割

　薬物乱用や性の逸脱行動，また，喫煙・飲酒などの未成年者では法律で禁止されている生活習慣に関する学校の役割としては，健康の価値を分かりやすく効果的に認識させ，このような行為をとらないように指導することが基本である。その際，薬物乱用等の問題を自らの学校の課題として受け止めてその予防に取り組むことが必要である。

　とりわけ，薬物乱用行為については，学校は，例えば，警察関係者や麻薬取締官 OB などによる薬物乱用防止教室等の積極的活用など，関係機関との密接な連携の下に対応することが必要であるし，場合によっては，適切な医療措置が講じられるよう配慮する場合もある。また，性の逸脱行動についても，売春を行っている場合や校外の非行グループや暴力団とのかかわりがある場合などは，警察や青少年補導センター等との連携を図る必要がある。

　なお，学校の取組を効果的に進めていくためには，関係者が一体となった薬物乱用防止活動等の促進体制の充実を図ることが必要であり，関係機関による犯罪行為としての取締りはもとより，人間としての在り方生き方など教育全体の問題として幅広く取り組む必要がある。さらに，子どものしつけに第一義的責任を有する家庭における教育を充実することや，これ

らの問題行動が発生する学校外において地域を挙げた取組を推進することが重要である。また，このような観点から学校保健委員会を活性化し，家庭や地域社会との連携を強化することが求められる。

（2）学校における専門家の活用の促進

薬物乱用や性の逸脱行動については，心の健康問題にも関係するものと考えられ，学校におけるガイダンス・カウンセリング等の機能の充実という観点から，現在，臨床心理に関し，高度に専門的な知識，経験を有する専門家として，学校に派遣され，その効果や活用等に関して実践的な調査研究が行われているスクールカウンセラーや，医師など専門家を活用することが望まれる。このため，これらの健康に関する現代的課題に係る共通の施策として，スクールカウンセラーや公認心理師の一層の充実や精神科医，婦人科医などの学校医の増員が必要である。

（3）学校保健センター的な機能の充実

健康に関する現代的課題等への対応という観点から，昭和47年の審議会答申でも触れた学校保健センター的な機関の果たす役割は大きくなっている。その意味からも，我が国の学校保健推進を目的とした財団法人日本学校保健会が，その機能を十分に発揮し，関係資料の作成や効果的指導方法の調査研究はもとより，関連情報の充実を図って，健康教育の情報センターとしての役割を担うことが期待される。

【引用文献】

文部科学省「生涯にわたる心身の健康の保持増進のための今後の健康に関する教育及びスポーツの振興の在り方について（保健体育審議会　答申）」平成9年

・・・資料編（文部科学省）・・・
新体力テスト実施要項(6～11歳)

【握力】

１．準備...スメドレー式握力計。

２．方法

（１）握力計の指針が外側になるように持ち，握る。この場合，人差し指の第２関節が，ほぼ直角になるように握りの幅を調節する。

（２）直立の姿勢で両足を左右に自然に開き腕を自然に下げ，握力計を身体や衣服に触れないようにして力いっぱい握りしめる。この際，握力計を振り回さないようにする。

３．記録

（１）右左交互に２回ずつ実施する。

（２）記録はキログラム単位とし，キログラム未満は切り捨てる。

（３）左右おのおののよい方の記録を平均し，キログラム未満は四捨五入する。

４．実施上の注意

（１）このテストは，右左の順に行う。

（２）このテストは，同一被測定者に対して２回続けて行わない。

（３）握力計は，児童用のものを使用することが望ましい。

【上体起こし】

１．準備...ストップウォッチ，マット。

２．方法

（１）マット上で仰臥姿勢をとり，両手を軽く握り，両腕を胸の前で組

む。両膝の角度を90°に保つ。

（２）補助者は，被測定者の両膝をおさえ，固定する。

（３）「始め」の合図で，仰臥姿勢から，両肘と両大腿部がつくまで上体を起こす。

（４）すばやく開始時の仰臥姿勢に戻す。

（５）30秒間，前述の上体起こしを出来るだけ多く繰り返す。

３．記録

（１）30秒間の上体起こし(両肘と両大腿部がついた)回数を記録する。ただし，仰臥姿勢に戻したとき，背中がマットにつかない場合は，回数としない。

（２）実施は１回とする。

４．実施上の注意

（１）両腕を組み，両脇をしめる。仰臥姿勢の際は，背中（肩甲骨）がマットにつくまで上体を倒す。

（２）補助者は被測定者の下肢が動かないように両腕で両膝をしっかり固定する。しっかり固定するために，補助者は被測定者より体格が大きい者が望ましい。

（３）被測定者と補助者の頭がぶつからないように注意する。

（４）被測定者のメガネは，はずすようにする。

【長座体前屈】

１．準備…幅約22cm・高さ約24cm・奥行き約31cmの箱２個（Ａ４コピー用紙の箱など），段ボール厚紙１枚（横75〜80cm×縦約31cm），ガムテープ，スケール(１m巻き尺または１mものさし)。高さ約24cmの箱を，左右約40cm離して平行に置く。その上に段ボール厚紙をのせ，ガムテープで厚紙と箱を固定する(段ボール厚紙が弱い場合は，板などで補強してもよい)。床から段ボール厚紙

の上面までの高さは，25cm(±1 cm)とする。右または左の箱の横にスケールを置く。

2．方法

（ 1 ）初期姿勢： 被測定者は， 両脚を両箱の間に入れ，長座姿勢をとる。壁に背・尻をぴったりとつける。ただし，足首の角度は固定しない。肩幅の広さで両手のひらを下にして，手のひらの中央付近が，厚紙の手前端にかかるように置き，胸を張って，両肘を伸ばしたまま両手で箱を手前に十分引きつけ，背筋を伸ばす。

（ 2 ）初期姿勢時のスケールの位置：初期姿勢をとったときの箱の手前右または左の角に零点を合わせる。

（ 3 ）前屈動作：被測定者は，両手を厚紙から離さずにゆっくりと前屈して，箱全体を真っ直ぐ前方にできるだけ遠くまで滑らせる。このとき，膝が曲がらないように注意する。最大に前屈した後に厚紙から手を離す。

3．記録

（ 1 ）初期姿勢から最大前屈時の箱の移動距離をスケールから読み取る。

（ 2 ）記録はセンチメートル単位とし，センチメートル未満は切り捨てる。

（ 3 ） 2回実施してよい方の記録をとる。

4．実施上の注意

（ 1 ）前屈姿勢をとったとき， 膝が曲がらないように気をつける。

（ 2 ）箱が真っ直ぐ前方に移動するように注意する(ガイドレールを設けてもよい)。

（ 3 ）箱がスムーズに滑るように床面の状態に気をつける。

（ 4 ）靴を脱いで実施する。

【反復横とび】

１．準備…床の上に，中央ラインをひき，その両側100cmのところに２本
　　　の平行ラインをひく。ストップウォッチ。

２．方法

　中央ラインをまたいで立ち，「始め」の合図で右側のラインを越すか，
または，踏むまでサイドステップし（ジャンプしてはいけない），次に中
央ラインにもどり，さらに左側のラインを越すかまたは触れるまでサイド
ステップする。

３．記録

（１）上記の運動を20秒間繰り返し，それぞれのラインを通過するごと
　　　に１点を与える（右，中央，左，中央で４点になる）。

（２）テストを２回実施してよい方の記録をとる。

４　実施上の注意

（１）屋内，屋外のいずれで実施してもよいが，屋外で行う場合は，よ
　　　く整地された安全で滑りにくい場所で実施すること（コンクリート等
　　　の上では実施しない）。

（２）このテストは，同一の被測定者に対して続けて行わない。

（３）次の場合は点数としない。

　　　ア　外側のラインを踏まなかったり，越えなかったりしたとき。

　　　イ　中央ラインをまたがなかったとき。

【２０mシャトルラン（往復持久走）】

１．準備…テスト用ＣＤまたはテープ及び再生用プレーヤー。20m間隔の
　　　２本の平行線。ポール４本を平行線の両端に立てる。

２　方法

（１）プレーヤーによりＣＤ（テープ）再生を開始する。

（２）一方の線上に立ち，テストの開始を告げる５秒間のカウントダウ
　　　ンの後の電子音によりスタートする。

169

（３）　一定の間隔で１音ずつ電子音が鳴る。電子音が次に鳴るまでに20
　　　ｍ先の線に達し，足が線を越えるか，触れたら，その場で向きを変え
　　　る。この動作を繰り返す。電子音の前に線に達してしまった場合は，
　　　向きを変え，電子音を待ち，電子音が鳴った後に走り始める。

（４）　ＣＤ（テープ）によって設定された電子音の間隔は，初めはゆっ
　　　くりであるが，約１分ごとに電子音の間隔は短くなる。すなわち，走
　　　速度は約１分ごとに増加していくので，できる限り電子音の間隔につ
　　　いていくようにする。

（５）　ＣＤ（テープ）によって設定された速度を維持できなくなり走る
　　　のをやめたとき，または，２回続けてどちらかの足で線に触れること
　　　ができなくなったときに，テストを終了する。なお，電子音からの遅
　　　れが１回の場合，次の電子音に間に合い，遅れを解消できれば，テス
　　　トを継続することができる。

３．記録

（１）　テスト終了時（電子音についていけなくなった直前）の折り返し
　　　の総回数を記録とする。ただし，２回続けてどちらかの足で線に触れ
　　　ることができなかったときは，　最後に触れることができた折り返し
　　　の総回数を記録とする。

（２）折り返しの総回数から最大酸素摂取量を推定する場合は，参考「２
　　　０ｍシャトルラン（往復持久走）最大酸素摂取量推定表」を参照する
　　　こと。

４．実施上の注意

（１）　ランニングスピードのコントロールに十分注意し，電子音の鳴る
　　　時には，必ずどちらかの線上にいるようにする。ＣＤ（テープ）によ
　　　って設定された速度で走り続けるようにし，走り続けることができな
　　　くなった場合は，自発的に退くことを指導しておく。

（２）テスト実施前のウォーミングアップでは，足首，アキレス腱，膝などの柔軟運動（ストレッチングなどを含む）を十分に行う。

（３）テスト終了後は，ゆっくりとした運動等によるクーリングダウンをする。

（４）被測定者に対し，最初のランニングスピードがどの程度か知らせる。

（５）ＣＤプレーヤー使用時は，音がとんでしまうおそれがあるので，走行場所から離して置く。

（６）被測定者の健康状態に十分注意し，疾病及び傷害の有無を確かめ，医師の治療を受けている者や実施が困難と認められる者については，このテストを実施しない。

【５０ｍ走】

１．準備…50m直走路，スタート合図用旗，ストップウォッチ。

２　方法

（１）スタートは，スタンディングスタートの要領で行う。

（２）スタートの合図は，「位置について」，「用意」の後，音または声を発すると同時に旗を下から上へ振り上げることによって行う。

３．記録

（１）スタートの合図からゴールライン上に胴（頭，肩，手，足ではない）が到達するまでに要した時間を計測する。

（２）記録は1/10秒単位とし，1/10秒未満は切り上げる。

（３）実施は1回とする。

４．実施上の注意

（１）走路は，セパレートの直走路とし，曲走路や折り返し走路は使わない。

（２）走者は，スパイクやスターティングブロックなどを使用しない。

（３） ゴールライン前方５mのラインまで走らせるようにする。

【立ち幅とび】

１．準備…屋外で行う場合＜砂場，巻き尺，ほうき，砂ならし。砂場の手前（30cm〜１m）に踏み切り線を引く。＞屋内で行う場合＜マット(６m程度)，巻き尺，ラインテープ。マットを壁に付けて敷く。マットの手前（30cm〜１m）の床にラインテープを張り踏み切り線とする。

２．方法

（１） 両足を軽く開いて，つま先が踏み切り線の前端にそろうように立つ。

（２） 両足で同時に踏み切って前方へとぶ。

３．記録

（１） 身体が砂場（マット）に触れた位置のうち，最も踏み切り線に近い位置と，踏み切り前の両足の中央の位置（踏み切り線の前端）とを結ぶ直線の距離を計測する。

（２） 記録はセンチメートル単位とし，センチメートル未満は切り捨てる。

（３） ２回実施してよい方の記録をとる。

４．実施上の注意

（１） 踏み切り線から砂場（マット）までの距離は，被測定者の実態によって加減する。

（２） 踏み切りの際には，二重踏み切りにならないようにする。

（３） 屋外で行う場合，踏み切り線周辺及び砂場の砂面は，できるだけ整地する。

（４） 屋内で行う場合，着地の際にマットがずれないように，テープ等で固定するとともに，片側を壁につける。滑りにくい（ずれにくい）

マットを用意する。

（５）踏み切り前の両足の中央の位置を任意に決めておくと計測が容易
になる。

【ソフトボール投げ】

１．準備…ソフトボール１号（外周26.2cm〜27.2cm，重さ136g〜146g），
巻き尺。平坦な地面上に直径２ｍの円を描き，円の中心から投
球方向に向かって，中心角30度になるように直線を２本引き，そ
の間に同心円弧を１ｍ間隔に描く。

２．方法

（１）投球は地面に描かれた円内から行う。

（２）投球中または投球後，円を踏んだり，越したりして円外に出ては
ならない。

（３）投げ終わったときは，静止してから，円外に出る。

３．記録

（１）ボールが落下した地点までの距離を，あらかじめ１ｍ間隔に描
かれた円弧によって計測する。

（２）記録はメートル単位とし，メートル未満は切り捨てる。

（３）２回実施してよい方の記録をとる。

４．実施上の注意

（１）投球のフォームは自由であるが，できるだけ「下手投げ」をしな
い方がよい。また，ステップして投げたほうがよい。

（２）30度に開いた２本の直線の外側に石灰などを使って５ｍおきにそ
の距離を表す数字を地面に書いておくと便利である。

以上

おわりに

　2017年3月に学習指導要領が改訂・施行された。2018年度から現場において順次実施されることになっている。本書は、そんな中に出版された。

　さて新学習指導要領では、英語などの外国語の学習が週2時間と増え、子どもの時間割はもう手一杯の状況である。そのような中でも、週3時間の体育の時間というものはたいへん貴重な運動確保の観点から、その充実が図られていこうとしている。また、子どもの体力の低下防止は、幼児期からの運動習慣が重要であり、文部科学省は2012年に「幼児期の運動指針」として、戸外での運動遊びの毎日1時間を奨励している。

　本書で、読者の皆さんは何を学習できたであろうか。第1章から第7章までは「体育」を教えるための基礎的な理論と知識を中心に解説した。体育の学習を組み立てる上で重要な観点について述べてきた。第8章以降では、学習指導要領の学習内容ごとに章立てして、保健体育科の実践を指導するために必要な知識と技能指導のポイントについて、基本の動作などを図式化し、ポイントを写真入りで分かりやすく解説してきた。最新の情報を取り入れ、楽しい授業づくりの参考にしてほしい。巻末には、体力測定のための新体力テスト実施項目についても紹介している。

　受講される皆さんが小学校の現場において、スポーツ好き・体育好きの児童をつくるために、本書を通じて体育科の教科力・授業力を身につけ、スポーツ好きの体育好きな児童を育てられる、そんな指導力を持った教師・先生になられることを願っている。

　最後に、本書の出版に際したいへんなるご助力を賜った三恵社の片山剛之さんに心より感謝申し上げたい。

2018年4月

編者　吉井　英博・矢野　正

●執筆者一覧●

【編著者】

吉井　英博　（大阪千代田短期大学）

矢野　正　（奈良学園大学）

【執筆者】

矢野　正	（編著者）	第１章
南　敦之	（岸和田市立朝陽小学校）	第１章
矢野　正	（編著者）	第２章
寺田　泰人	（桜花学園大学）	第２章
矢野　正	（編著者）	第３章
鈴木　伸也	（春日井市上条小学校）	第３章
吉井　英博	（編著者）	第４章
吉井　英博	（編著者）	第５章
吉井　英博	（編著者）	第６章
吉井　英博	（編著者）	第７章
吉井　英博	（編著者）	第８章
吉井　英博	（編著者）	第９章
佐伯　優斗	（幸田町立幸田小学校）	第９章
吉井　英博	（編著者）	第１０章
吉井　英博	（編著者）	第１１章
秋山　夏希	（山梨学院小学校）	第１１章
吉井　英博	（編著者）	第１２章
岡　みゆき	（大阪大谷大学）	第１３章
矢野　正	（編著者）	第１４章
矢野　正	（編著者）	第１５章
矢野　正	（編著者）	巻末資料

●編著者紹介●

吉 井 英 博（よしい　ひでひろ）

鹿児島県生まれ。兵庫教育大学大学院学校教育研究科教育実践高度化専攻学校経営コース修了。修士（教職）。スポーツ医学研究所，私立小学校の教諭を経て、現在は，大阪千代田短期大学専任講師。専門は，体育科教育法・学校評価・学校危機管理・防災教育。障がい者スポーツ指導員，幼児体育指導員，防災士，おもちゃインストラクターなどの資格を有し，学校運営や子どもに関わるさまざまな実践を行っている。また，「国際バカロレア導入における学校改善」，「国際バカロレアにおける探究型学習」，「私立学校における学校評価」，「小学校におけるバイスタンダー教育」，「体育におけるジグソー法」等の研究を行っている。

＜主著＞「保育と表現」（共著，嵯峨野書院），「臨海学校における教師・指導者のリーダーシップに関する研究」（共著，実践学校教育研究），「小学校体育科指導法」（共著，三恵社）

矢 野 　 正（やの　ただし）

愛知県生まれ。大阪総合保育大学大学院児童保育学研究科博士課程修了。博士(教育学)。現在は，奈良学園大学人間教育学部准教授，同志社女子大学非常勤講師。専門は，教育学・学校心理学・特別支援教育。学校心理士，特別支援教育士，レクリエーション・インストラクター。「学級づくりと生徒指導」，「特別支援教育の実践的研究」，「小学校体育科のカリキュラム開発」，「教員養成・育成モデルの理論化」等の研究を行っている。

＜主著＞「生徒指導論」（単著，ふくろう出版）「最新版　幼児期の運動あそび」（共著，不昧堂出版），「水辺の野外教育」（共著，杏林書院），「学級経営の達人」（共著，久美出版），「教師力を高める学級経営」（共著，久美出版），「教育心理学」（共編著，嵯峨野書院），「教育原理」（共編著，嵯峨野書院），「医療福祉学総論」（共著，金芳堂）ほか

アクティブラーニングのための体育科教育法 —理論と実践—

2018年3月31日　　初版発行

編　者　　**吉井 英博**

　　　　　　矢野　　正

定価(本体価格1,990円+税)

発行所　　株式会社　三恵社
〒462-0056 愛知県名古屋市北区中丸町2-24-1
TEL 052 (915) 5211
FAX 052 (915) 5019
URL http://www.sankeisha.com

乱丁・落丁の場合はお取替えいたします。
ISBN978-4-86487-819-7 C3037 ¥1990E